# 実測 世界のデザインホテル

THE WORLD'S BEST DESIGN HOTELS:
SURVEYS AND SKETCHES

寳田 陵 著

学芸出版社

【注】
- 本書に掲載されている文章・写真・スケッチは、筆者の現地滞在当時の内容を基にしたものです。改装等の事情により、現況と異なる場合がございますので、あらかじめご了承ください。
- 本書に掲載されている写真のうち、特に注記のないものは全て筆者の撮影によるものです。
- 本書内のスケッチは、A4用紙に描かれた原図を94%に縮小したものです。各スケッチのページ余白に記載している縮尺をもとに、実際の寸法を求めることができます。
  ［例：「S＝1:42.5」と併記されている場合］
  （実際の寸法）＝（紙面上の長さ）×42.5

# はじめに

　今、日本は空前のホテルラッシュを迎えている。訪日観光客が年々増加する中、ラグジュアリーホテルからビジネスホテル・バジェットホテルまでの全てのカテゴリーにおいて、10年前と比較しても日本のホテルはデザインもコンテンツも大きく変わりつつある。

　私がホテル設計を始めたのは2002年頃。「日本にビジネスホテルとは違う新しいスタイルのホテルをつくらないと！」という思いは強くあったが、そもそも当時は共同住宅しか設計していなかったから、ホテル設計のスタンダードもわからない。お手本となるホテルから学べば一定のクオリティには届くかもしれないが、その先には決して辿り着けない。ではスタンダードを学びながらそれを超えるために何が必要なのか？ そんな自問自答を経て、「これは死ぬ気で勉強しなければ…」という気持ちで始めたのが二つの行動だった。

　一つは自分が計画しているホテルの周辺にある既存競合ホテルに全て泊まること。これはホテルのスタンダードがわかるだけではなく、競合ホテルはどのような人たちをターゲットにしていて、価格帯の設定はどのくらいで、どんな面積でどういう機能でどういうデザインなのか。そして、それがどの程度ゲストに受け入れられているのかを知ることで、自分のホテル設計にスタンダードをしっかりとつくることができると思ったからだ。

　もう一つは当時次々と話題になっていた海外のデザインホテルを泊まり歩くこと。日本ではデザインホテルという言葉は流行していたし、様々な本も出版されていたが、実際のところ日本にデザインホテルはほとんどできていなかった。だから海外に何度も足を運び、スタンダードなホテルと一体何が違うのかを知ることで、スタンダードの守るべき部分は守り、時代にあわせて変化させるべきところは新しいアイデアと見え方を提案する。そのスタンダードを超える化学反応的な変化を自分のホテル設計に取り入れることが必要だった。

　その二つを意識して徹底的に行動すれば、スタンダードを超えたデザインホテルは必ずできると信じていた。その時無意識に描きはじめたのが海外デザインホテルのスケッチである。本として出版することなど全く想定もしていなかったし、あくまでも自分の記録用である。写真では収まりきらない感動した情報量をふと残したくなったのだろう。気がつけばいつの間にか20カ国50都市以上を訪れてスケッチしていたことになる。設計打ち合わせの時に、稀にスケッチを取り出してクライアントの前に提示しながら説明すると、ほぼ全員が前のめりになってスケッチを見てくれる。そのうちこのスケッチが独り歩きしはじめて、ありがたくもホテルスケッチ展の開催にも繋がった。

　ただ、私は絵がお世辞にも上手ではないので、スケッチは芸術的でもなければ美しくもない。ただひたすら「数字と構成」にこだわってスケッチしてきている。寸法を徹底的に測って基本を学び、形状・材料とディテールを徹底的に描きながら、スタンダードを超えた世界観を学んできた気がする。今までの海外のデザインホテルでの宿泊累計日数は200泊を超えているが、実はスケッチしているのは100ホテル程度で、泊まったホテル全てではない。WEBなどの情報から目星をつけても、実際に行ってみるとがっかりすることも多いからだ。つまり実物がWEBの写真に負けている、もしくは完成予想CGに負けているホテルが半分以上あるということなのだ。ここに紹介するホテルは、写真負けやCG負けとは無縁であり、さらに言うならば基本がしっかりありながらも独特の世界観を持っていて、想像を超えた発見や感動があった41ホテルということになる。

　正直、「ホテルスケッチは好きか？」と問われると答えに詰まるだろう。わざわざデザインホテルに泊まって楽しく過ごすこともなく、ひたすら図面を描くなんてしんどいだけだし、記録写真だけで良いはずなのに、自分がなぜホテルスケッチを描いているのかわからなくなる時もしばしばある。東京下町育ちのもったいない気質が、「高いお金を払って泊まるのだから元を取るぞ！」と脳に命令を出しているのだろうか。今となってはそんなことすら考えずに、何かに取り憑かれたように測って描きはじめている自分がいるから、理屈抜きでそれでいいのだ。字が読みづらかったり、適当に描いて誤魔化していたりする部分も多々あるが、このホテルスケッチが新しいホテルづくりにチャレンジしているホテル業界全ての人、またホテルが大好きでたまらない全ての人に、ほんの少しでも何か貢献できるのであれば、とても光栄であり嬉しく思う。

2019年7月

寶田　陵

## もくじ

### アメリカ圏｜America　絶えず変化するホテルデザインの発信地　5

- 01　1 Hotel Central Park（アメリカ・ニューヨーク）　6
- 02　The James New York - SoHo（アメリカ・ニューヨーク）　8
- 03　Viceroy Central Park New York（アメリカ・ニューヨーク）　10
- 04　NoMad New York（アメリカ・ニューヨーク）　12
- 05　PUBLIC Hotel New York City（アメリカ・ニューヨーク）　14
- 06　MADE Hotel（アメリカ・ニューヨーク）　16
- 07　Wythe Hotel（アメリカ・ニューヨーク）　18
- 08　1 Hotel Brooklyn Bridge（アメリカ・ニューヨーク）　20
- 09　Ace Hotel Palm Springs（アメリカ・パームスプリングス）　22
- 10　The Keating Hotel（アメリカ・サンディエゴ）　24
- 11　Palihouse West Hollywood（アメリカ・ロサンゼルス）　26
- 12　Ace Hotel Downtown Los Angeles（アメリカ・ロサンゼルス）　28
- 13　W Mexico City（メキシコ・メキシコシティ）　30
- ［コラム］実測スケッチへの没頭の原点　32

### アジア圏｜Asia　アジア的DNA──突然変異を予感させる知恵と工夫　33

- 14　Banyan Tree Bintan（インドネシア・ビンタン）　34
- 15　PARKROYAL on Pickering（シンガポール）　36
- 16　The Fullerton Bay Hotel（シンガポール）　38
- 17　The Warehouse Hotel（シンガポール）　40
- 18　Heritance Kandalama（スリランカ・カンダラマ）　42
- 19　W Hong Kong（香港）　44
- 20　99 Bonham（香港）　46
- 21　Mira Moon Hotel（香港）　48
- 22　HOTEL QUOTE Taipei（台湾・台北）　50
- 23　The PuLi Hotel and Spa（中国・上海）　52
- 24　Aman Tokyo（日本・東京）　54
- ［コラム］海外のデザインホテルに学んだ2つのこと　56

### ヨーロッパ圏｜Europe　本物の質感をコンパクトにまとめあげる実力派たち　59

- 25　Ace Hotel London Shoreditch（イギリス・ロンドン）　58
- 26　citizenM London Bankside hotel（イギリス・ロンドン）　60
- 27　Rosewood London（イギリス・ロンドン）　62
- 28　The Ned（イギリス・ロンドン）　64
- 29　Nobu Hotel London Shoreditch（イギリス・ロンドン）　66
- 30　The Hoxton, Holborn（イギリス・ロンドン）　68
- 31　Room Mate Giulia（イタリア・ミラノ）　70
- 32　Hotel VIU Milan（イタリア・ミラノ）　72
- 33　Bvlgari Hotel Milano（イタリア・ミラノ）　74
- 34　Conservatorium Hotel Amsterdam（オランダ・アムステルダム）　76
- 35　Sir Adam（オランダ・アムステルダム）　78
- 36　B2 Boutique Hotel + Spa（スイス・チューリッヒ）　80
- 37　Casa Camper Berlin（ドイツ・ベルリン）　82
- 38　W Paris - Opéra（フランス・パリ）　84
- 39　C.O.Q. Hôtel Paris（フランス・パリ）　86
- 40　OFF Paris Seine（フランス・パリ）　88
- 41　Mama Shelter Lyon（フランス・リヨン）　90
- ［コラム］日本のデザインホテルを進化させるために　92

# AMERICA

## アメリカ圏

### 絶えず変化するホテルデザインの発信地

　ファイブスターブランドのラグジュアリーホテルでもなくフォースターやスリースターのシティーホテルでもない、全く新しいカテゴリーでクリエイティブに時代を捉えた『デザインホテル』は、イアン・シュレーガー氏らによる1984年のモーガンズが先駆者とされている。その後デザインホテルは2000年前後を境に急激に増え、その過程では「今までのホテルの常識にとらわれず、もっと新しいカルチャーが生まれるホテルをつくろうよ！」というメッセージを込めながら、ホテルのデザインやコンテンツが再構築されていった。ホテルラウンジとクラブが一体になったような斬新で華やかな世界観のもとで常に最先端のデザインが表現され、宿泊者だけではなく宿泊しない一般のビジターも、大音量の音楽がガンガンかかっているホテルラウンジに集まって、お酒を飲みながら社交を楽しんでいた。『HIP』という言葉はこの頃多く使われてきて、ホテルの知名度アップとともにそのホテルデザインが商業空間のトレンドにもなっていった。

　とはいってもトレンドはそんなに長続きしないものだ。トレンドサイクルは約5年。そのサイクルでデザインホテルも変化し続けている。ここで重要なことは、トレンドと仕掛けはいつもアメリカから始まっているということである。デザインホテルは数からしてやはりニューヨークが圧倒的に多く、次いでロサンゼルス、シカゴ、マイアミが続く。デザインホテル初期のハドソンホテル、マーサーホテル、Wホテルなど、2019年現在でもまだ、当時のデザインのまま残っているホテルも若干あるが、冠を変えてオペレーターチェンジしたホテルやリノベーションしたホテルも数多く存在する。

　2000年前後から現在まで、アメリカ発のトレンドデザインの系譜を独断と偏見で表現するとこうなる。2000年前後は『HIPモダン』、2005年前後は『ミニマルモダン』、2010年前後は『ヴィンテージカジュアル』、2015年前後は『オーガニックカジュアル』、そして今2020年前後は『センシュアル・エレガンス』。客室の内装や家具の材料・ディテールにもしっかり反映され、スケッチするとその細かな違いが読み取れる。また、アメリカのデザインホテルは比較的客室面積の大きいものが多く、おおむね30～40㎡あるのが一般的だが、最近は20㎡程度のコンパクトサイズもできてきている。水まわりは日本のユニットシャワーやユニットバスのようなものはなく、ほとんどが現場でつくる在来工法。少しだけゆったりしている寸法が特徴的で、スケッチの中でもインターナショナルサイズの寸法感を読み取ることができるだろう。

# 01 1 Hotel Central Park

アメリカ・ニューヨーク

　NYのデザインホテルに新しいデザインの流れをつくった1ホテル。スチールやガラスを多用しながらも、無垢の木材やファブリックをバランスよく組み合わせて、今までにないオーガニックな居心地の良さをつくっている。幅900mmの大きな木製扉を開けると、ホールにある1本の木柱が目に飛び込んでくる[1]。古材のように表面を荒削りされたこの柱は何の機能があるのかわからないが、この存在があるからこそ客室に漂う柔らかい木の匂いに気づかされる。そのまま目を床に向けると幅広の幅200mm無垢フローリングが大胆にも一面に敷かれている。スチール材で組まれたガラスのシャワー[2]や照明器具、ペーパーホルダーなど、あらゆるところにインダストリアル感が目につくが、空間は決して硬くない。全てのディテールが繊細で1mm単位まで研ぎ澄まされ、無垢の木材やファブリックが対照的に大きな面をつくっているからだ。ランダムな古材で組まれたヘッドボード[3]、木の断面を見せるデスク[4]やデスクチェアの白いファー[5]、ベッドまわりのベージュのラグ、大きめのベッドカバーなど、一つひとつがテクスチャーを活かした何とも個性的な表情をしている。ガラスのシャワー内にはシャンプーボトルのスタンドとして、ただ斜めに置かれている木材がある[6]。それだけで硬質かつ湿気で重苦しくなるシャワー空間がナチュラルに軽く感じるのは不思議だ。こういう備品の魅せ方も、世界観を徹底するためのインテリアデザインとして重要なアイテムである。日本では「シャワーが見える！」とすぐにクレームになりそうだが、水まわりとベッドルームは大きなレースカーテンで仕切られるようになっており[7]、2名使いのプライバシーにも一応配慮はしている。しかし、ここのとっておきの場所はベッドでも水まわりでもないのだ。高さ860mmのウレタンファブリックのマットレスが置いてある窓側の出窓[8]が超絶気持ち良い。踏み木を踏み台にしてよじ登って部屋側のカーテンを閉めたら、まるでNYの街並みに自分が浮かんでいるようだ。結局僕はベッドを使わずにここで寝た。

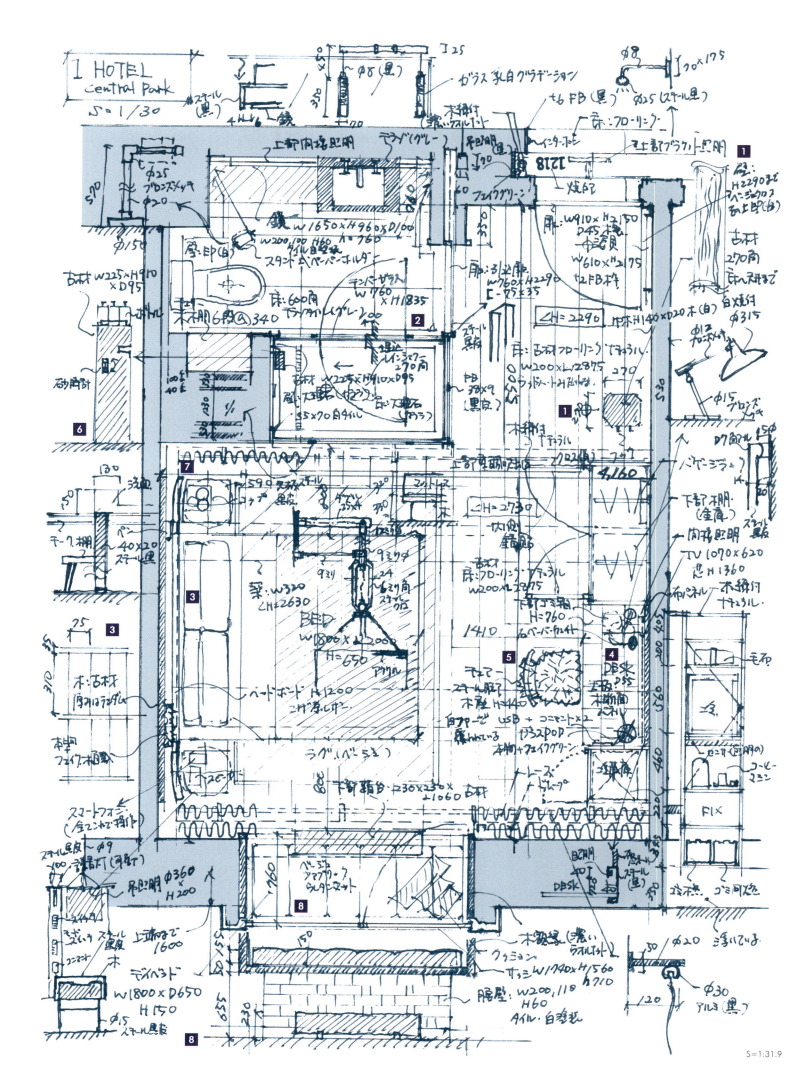

# 02

## The James
## New York - SoHo

アメリカ・ニューヨーク

---

　ソーホーエリアに新築されたコンクリートとガラスのホテル。客室は2面オールガラスサッシでNYの景色が広がる[1]開放的なつくりである。その景色との一体感はまるでNYのアパートを1室借りたような錯覚に陥る。やはりサッシが大きいと約20㎡の客室とは思えないくらいに体感的に広く感じることができる。水まわりはミニマルなコンパクト設計。940×860mmのシャワーは大柄な人でもギリギリ不自由なく使える寸法[2]だ。この寸法の体感から、日本でインバウンドゲストも使う想定で耐えうるシャワーブースのサイズは900×900mmがミニマム限界だと仮定することができた。しかしこのサイズだと、扉はこのホテルのように外開きがベターだろうが、シャワーの水漏れ対策は必須。案の定、こちらの床はビシャビシャになった。水まわりとベッドルームの間は大きなFIXガラスで間仕切られている。ここにグラフィックが施されたロールスクリーン[3・4]が設置されているのだが、何と電動である。機能的には電動の必要性を特に感じなかったが、予想外の驚きがこの部屋の印象をプラスに転じさせるポイントにはなっている。外観のコンクリートが客室内にも踏襲されて、柱はφ380mmのコンクリートむき出しになっている。そこにテレビが壁掛けならぬ柱掛けで宙吊りに取り付けられている[5]。やや下向きに取り付けが調整されているので、ベッドからでも見えるように配慮はされていた。ソファはなく、代わりに幅1370mmの木製スツール[6]が置かれている。サッシの開放的な見え方を重視して背もたれはなくしたのだろう。ナイトランプはナイトテーブルの置型ではなく、壁からブラケット形状で設置しているアーム状の自在調整型[7]が設置されている。より自由に見やすい場所に当てるための配慮で、こちらは今のデザインホテルに多く採用されているリーディングライトの原点にもなった。しかし天井高3mで2方向オールサッシは、インテリアの力とは別に建築の豊かなスケルトン空間をつくりだしている。それを活かしたインテリアだからこそ、この開放感が生まれているのだと感じた。

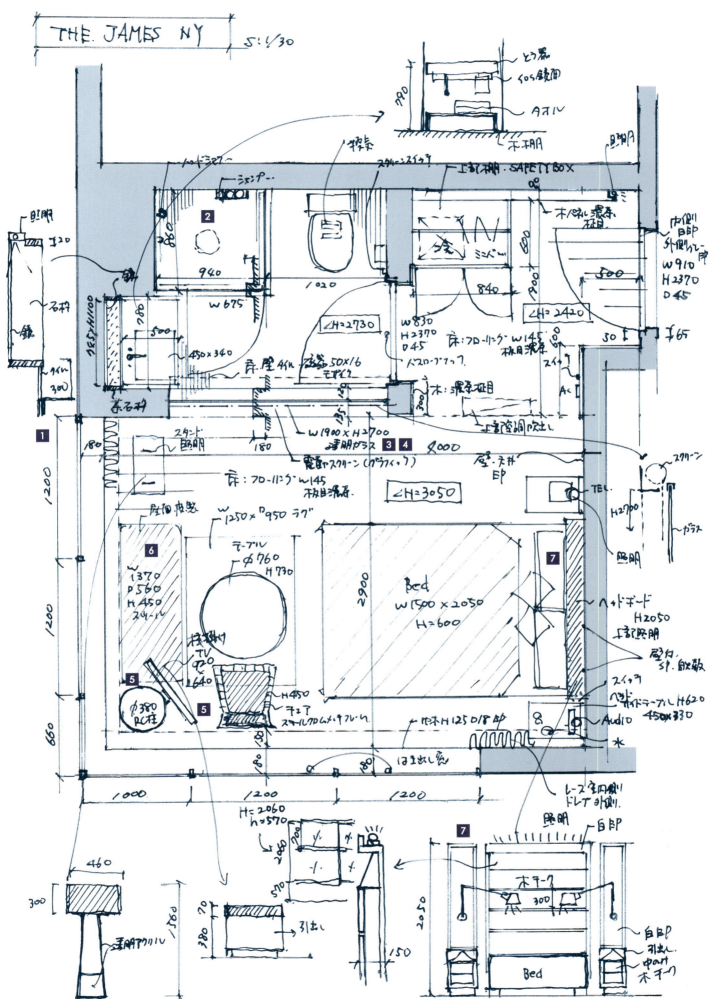

# 03 Viceroy Central Park New York

アメリカ・ニューヨーク

　このホテルは共用部から客室に至るまでレトロなデザインディテールを巧みに使っている。客室は60年代のダイナーを思わせるようなリブ状の木や天井の吊り照明[1]、そこにステンレスや真鍮と組み合わせた古き良き時代のガジェット感で構成された家具で包まれると、まるでオリエント急行のキャビン・スイートのようにも思える。とはいえデザインやディテールは超モダンでギミック満載だ。洗面所にはφ660mmの大きな鏡とφ200mmの拡大鏡[2]が惑星と衛星軌道の関係のようなフレームで一体化されており、自由に動かせる仕組みになっている。窓の前に置かれているソファは照明が組み合わされ[3]、間口奥行き素材ともに完璧なフォルムで、下部は収納になっている。デスクやベッドの照明ディテール[4]がほかでは見ない凝った設計だ。ステンレスと真鍮メッキのパンチングの照明器具がわざわざ仕掛けがあるかのように複雑なメカニカルディテールで取り付いている。メカニカル好きな男子はこれだけでも至福の時を迎えられるかもしれない。棚の取っ手[5]は細部までこだわられている。真鍮の削りだしでつくられ、T型の面が部分的に斜めにカットされたデザインは単体で見ても美しい。ひんやりとする金属の手触りがたまらない。冷蔵庫はいずこ？と探すと、サイドテーブルが棚になっていて、その上段に納まっていた[6]。こんな高い位置に冷蔵庫が設置してあるのは初めて見たが、使い勝手は悪くはない。サッシは全体のレトロ感に合わせて黒なのはわかる、しかしカーテンも黒なのだ。しかも真っ黒。この選択はなかなか勇気がいる。ただ天井の化粧モールとカーテンボックスもあえて黒にしているので、それほど違和感はない。この世界観を完成させるためには、むしろ黒で正解なのだった。全体がオリエント急行のように感じられるのは、ヘッドボードまわりの一体棚やクローク[7]のせいなのだろう。ここまで収納に囲まれると、限られた空間を立体的なパズルを解くようにはめ込んだ感があり、それが上等な素材と相まってミニマル空間の豪華列車の個室を思わせているのだろうか。

［注］Viceroy Central Park New York としての営業は終了しています。

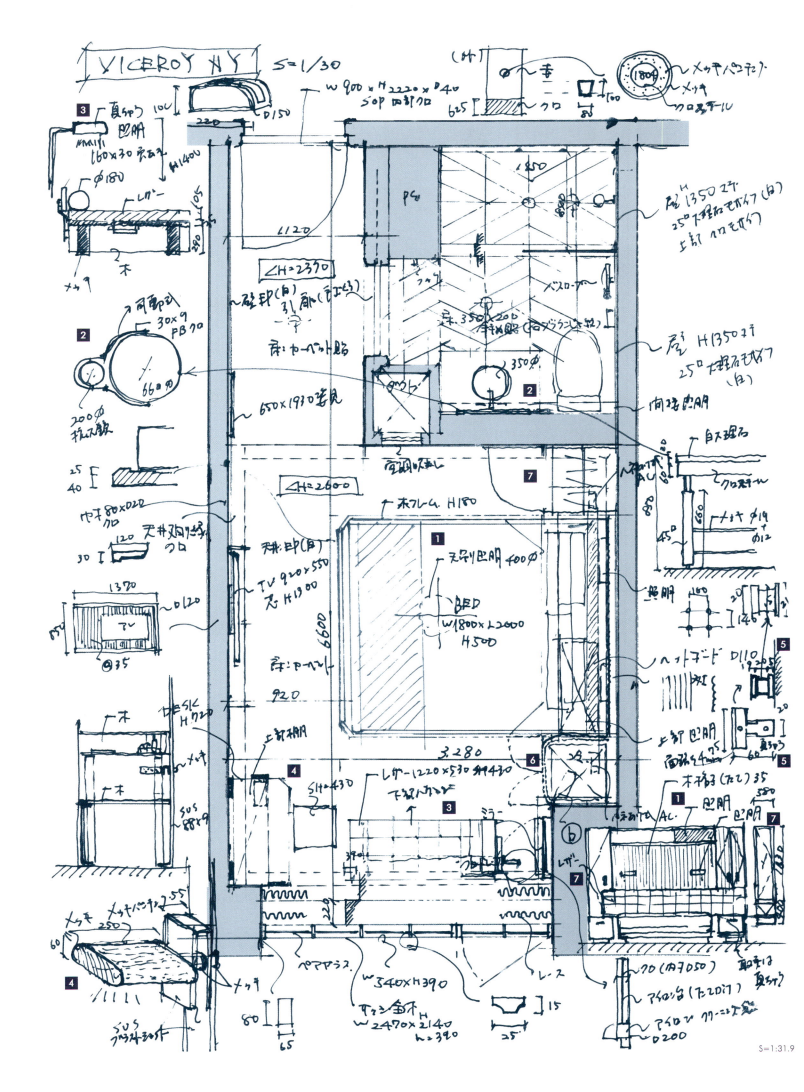

# NoMad New York

アメリカ・ニューヨーク

　一言で例えるならば、超コンテンポラリー＆超クラシックホテル。相反する言葉ではあるが、このホテルにはこの言葉しか思いつかない。共用部・客室ともに、家具や調度品はクラシックなのだが、見せ方や設えは大胆かつ斬新な表現に挑戦している。ヴィンテージなフローリング[1]が敷かれたアパートメントのような部屋に入ると、ベッドルーム・デスク・ソファー・露出したバスタブが一つの視界に同時に飛び込んでくる[2]。露出したバスタブ！？　一瞬目を疑ったが、そこに確かに猫足のバスタブが置いてある。デザイナーの思惑に見事にはまり、衝撃を隠せなかった。バスタブと洗面が露出[3]している、いわゆるオープンな水まわりである。赤いファブリックが施されている屏風のような壁[4]が水まわりを仕切っているが、天井まで壁は到達していない。この向こう側にはトイレとシャワーがあるのだが、その上部には空間がある。つまり部屋全体の中で、水まわり空間をオープンな空間＋入れ子空間で上手に使い分けているのだ。確かに天井高さ2950mmの空間だからこそ、この空間構成は部屋を実面積以上に広く見せる効果はあった。しかし窓側の家具並びがソファ・デスク・バスタブ[5]…、やはり変だ。変だけれども、狙った緊張感や、シンプルモダンなかっこいいだけのデザインではない。全てがクラシックでレトロなデザインであるがゆえに、理解を超えた価値観を目の前にしてなぜか降伏するかのように順応してしまう自分もまた変である。アートピースも様々な形やサイズの額縁が壁に13枚ランダムに飾られている[6]。ヘッドボード上部を外してあえてソファエリアに設置しているのは、ホテルというよりもアパートメントの雰囲気を損ないたくなかったのだろう。巾木も天井廻り縁も化粧モールで高さや厚みも大きく、ヴィンテージなレザーソファ[7]も堂々と構えている。まさにnomad（＝遊牧民）のラグジュアリーな仮住まい感覚で、彼らの家具や調度品の目利き力と大胆な発想にもてなされているような錯覚に陥った。

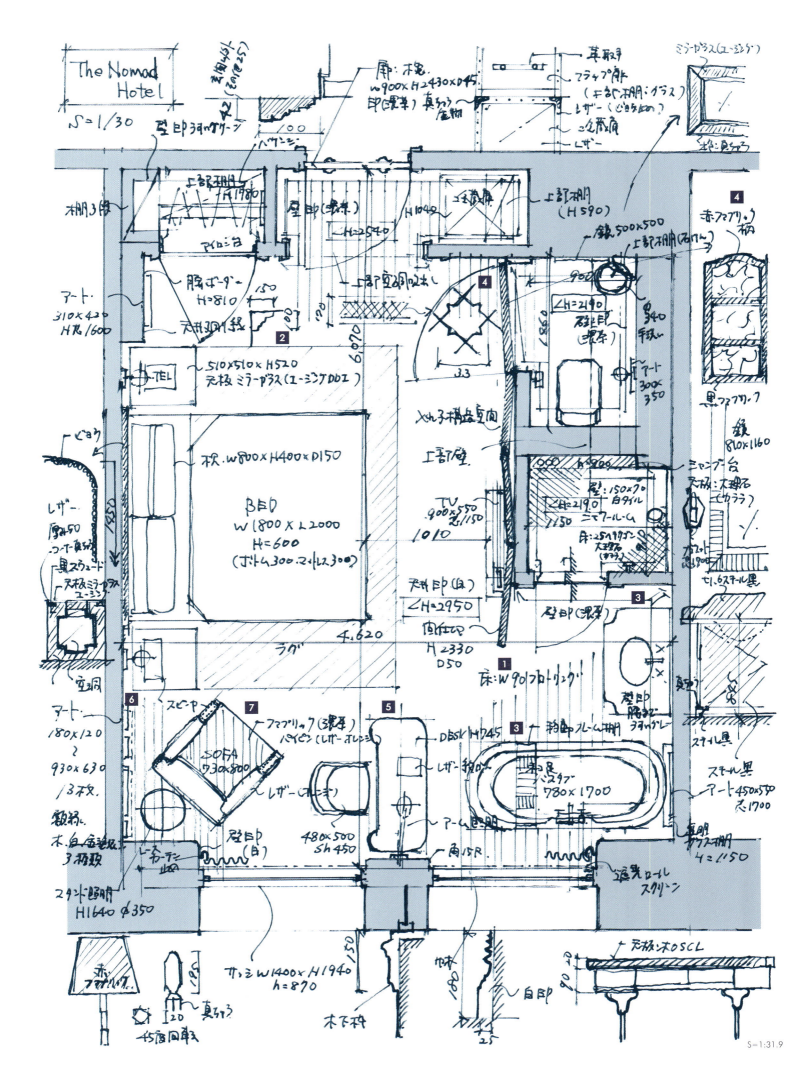

# 05

## PUBLIC Hotel
## New York City

アメリカ・ニューヨーク

　久々にイアン・シュレーガー氏がプロデュースしたホテルができた。建築はシンプルだが、その独特なフォルムとデザインは周囲に対して挑戦的なオーラを発している。日本的な小上がりが窓側に設置されたベッドルームは四方をロの字で木板[1]に囲われ、間接照明効果でベッドルームを特別な個室空間のように見せている。その効果は風景の見せ方にも良い効果をもたらし、フレームに切り取られた風景のようにも見える。木板の壁にはテレビやリーディングライトがフラットになるように埋め込まれている[2・3]。ベッドに無造作に置かれたモジャモジャの毛布は、フットスローの用途でもなく、正直何のためにあるのかわからないが、海外のかっこいいベッドルームを見ている時によくでてくる設えだ。家具を構成している壁は木板ではなく、一瞬パルプのようにも見えるがφ25mmの木材を縦に格子状で並べたデザイン[4]でそれが洗面空間まで曲線で繋がっている。洗面はその曲面壁にブラケット形式で宙に浮いており[5]、近未来的な緊張感の中に、照明の光が木材の縦格子壁を照らしている。その光のグラデーションと格子の凹凸による陰影が、緊張感を解きほぐしてくれる。木製のソファが水まわりの壁を背にして固定されているが、ソファの背もたれから座面にかけて絶妙なカーブを描き[6]、その部分に壁同様のφ25mmの木材を使用している。テーブル越しにφ350mmの小さい木製椅子も用意されていて、二人で対面に座るための椅子か？と思ったが、これは椅子ではなく、椅子の格好をしたベッド用のサイドテーブルだった。シャワーとトイレの水まわり空間は壁面全てがブロンズミラー[7]で中が見えないが、部屋の中の風景を全て反射させ、その虚像を全てブロンズ色に染めている。よく見ると、ブロンズの熱線反射ガラスとフロストガラスの合わせガラスになっている。水まわりの内側はプライバシーを保ちつつ、客室内を反射効果で広く見せているのだ。足元から天井までこれだけ反射すれば、同時に姿見も兼ねられる。20㎡強の小ぶりな空間だが、デザイン・機能・照明・間の取り方、全てにおいて完成度が高い。

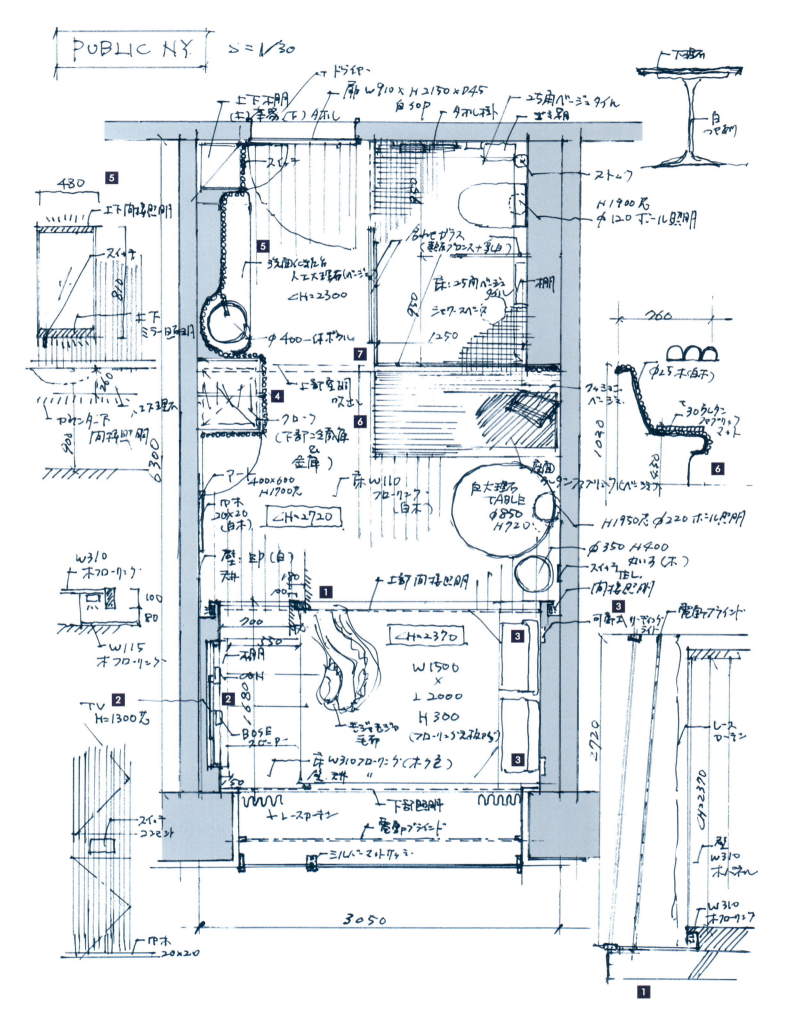

# 06 MADE Hotel

アメリカ・ニューヨーク

　また新しいスタイルのホテルがNYから発信された。ここMADE HOTELは規模も大きくなく、コンパクトな敷地に「カチッ」「ヒョロッ」と建っている。だがその佇まいと中身のギャップが面白い。エントランスからそのカジュアルさは伝わってくるが、その温度感のまま、いやむしろもっとくだけた印象で客室はできている。全てが見渡せるスタジオタイプのレイアウトに、220mm上がったベッドステージ[1]が部屋の1/4以上を占めている。その奥には奥行き1900mmのバルコニー[2]が設置されており、チェアに座ってNYの街並みと喧騒を味わうことができる。ソファは何だかサイズが少々おかしい。わざとサイズを一回り太らせたようなデザイン[3]で、それでもフォルムが丸っこく、座ると体が余るくらいのゆとりが少しあって豊かな気持ちになれる。眼の前のφ800mmの丸い物体はテーブルのように見えるが、素材はファブリック。つまり紛らわしいがオットマンだ。本当のテーブルはサイドにφ440mmの木テーブルがある。壁にはテレビ・デスク・ミニバー・ハンガー・オーディオスピーカー・ブックシェルフがスチールフレームで一体にデザインされたガジェットパイプ[4]が取り付けられている。もはや機能アートであり、実に見事だ。アートワークなんてこの空間では何の意味も持たないくらいのインパクトがある。フレームのジョイントは真鍮のT型コネクト器具[5]を使っているが、真面目にデザインされていてクオリティーを上げている。テレビは収納式で、折れ戸を観音開きで開いて使うが、デスクも可動式で革のバンドを外して倒す仕組み[6]になっている。デスクチェアは黒い木製スツール2脚が双子のように仲良く置かれており、それを動かして使うことになる。デスク照明も曲げ加工された真鍮のパイプがガジェットから片持ちで取り付けられ[7]、一体的にデザインされている。ベッドルームを重視したのか、水まわりはいたってシンプル＆ミニマル。横長の磁器質タイルの空間に白い人工大理石の床置き洗面ボウル[8]が置かれている。ここでも洗面をガジェットとして見せたかったのだろう。実に徹底している。

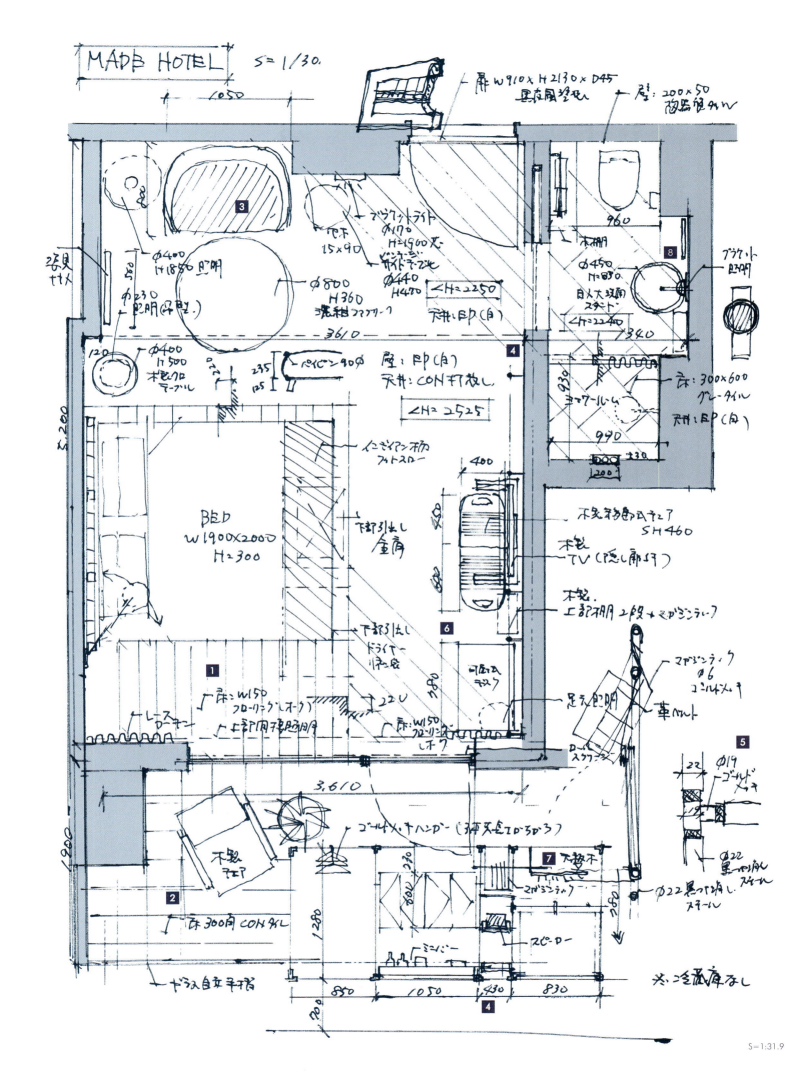

# Wythe Hotel

アメリカ・ニューヨーク

　ウィリアムズバーグに突如出現した、古い工場をコンバージョンしたホテル。既存工場の外壁はそのままに大きく縦文字で『HOTEL』とグラフィックサインが取り付けてあるが、この対照的な見え方がこのホテルのアイコンにもなっている。マンハッタンにあるほかのデザインホテルとは明らかに全ての基準が違う。ホテルというよりも、この工場をコンバージョンした痕跡を味わいながら滞在するというコンセプト色が強い。だから廊下からすでにホテルの空気感は全くなく、シンプルなグレー色の扉[1]が唯一客室の存在を知らせてくれる。床はコンクリート&モルタル[2]、壁はレンガ素地、天井は200mm間隔の木羽目板[3]、窓は床から天井までのフルハイト。そこに幅1900mmのキングベッドがザクっと置いてある。部屋の照明は暗く、全ての照明を点灯しても暗くて見えづらい。でもこの照度だからこの工場跡の痕跡が出せるのだと思うと、明るさは気にならなくなる。強烈なレトロ感と現代のホテル設備が一瞬融合しているかのように感じる。いや、やはり融合はしていない。この雰囲気と違和感が妙な心地よさを生んでいるのかもしれない。窓の上部のレンガアーチ[4]が時代を感じさせてくれて、タイムスリップしているような感覚にもなる。ミニバーも木製の棚が部屋の隅に置いてあり、上部には無造作にスナックやボトル[5]、その横に小さめのテレビが置いてあるだけだ。唯一ホテルっぽい設えといえば、ベッドの背面の壁がグラフィックのクロスになっているくらい。ヘッドボードも白の木板を重ねたもの、両サイドのサイドテーブルは薄いグリーンのスチールで簡易につくったもの[6]。洗面所に入る扉は高さ2440mmの木製扉でかなり大きく、それを上部の滑車で動かす仕組みになっているのは面白い。コンパクトなシャワーブースには目線のみベッドルームと繋ぐFIXガラスサッシ[7]が設置されている。ウィリアムズバーグというエリアの歴史の中で過ごすような感覚の演出は、地域性を維持し、発信していくという、このホテルに託された使命なのかもしれない。そう考えると重要文化財に泊まっている感覚にもなった。

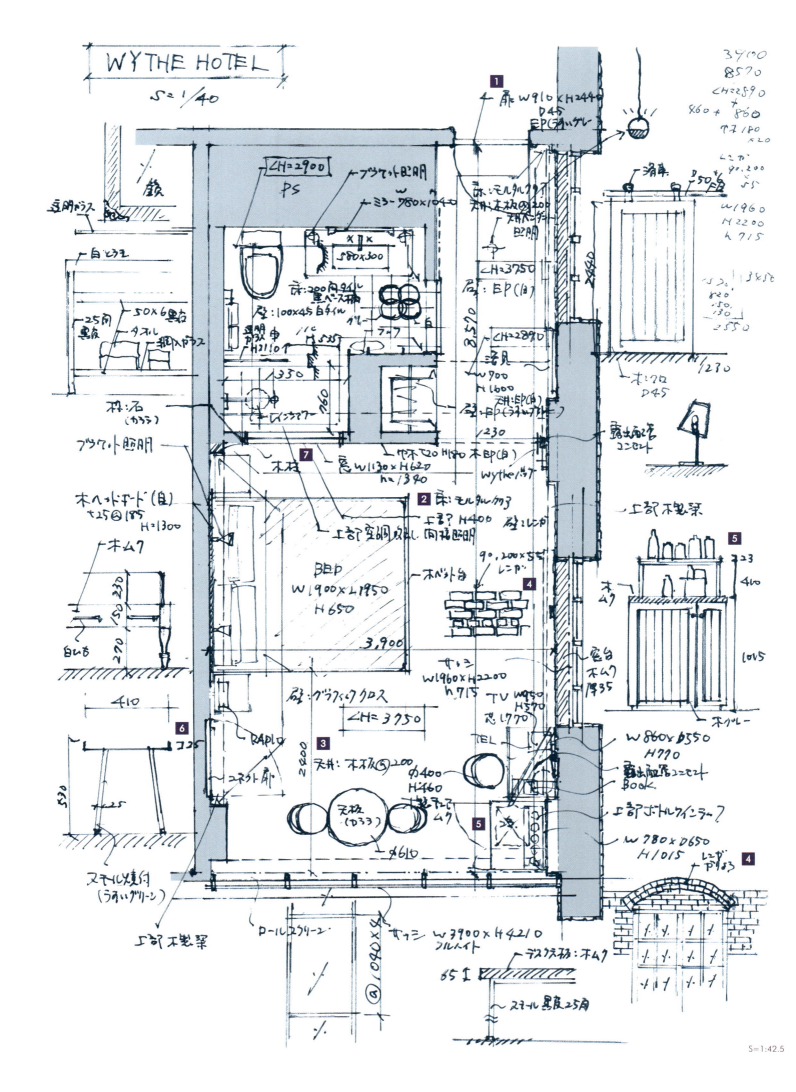

# 08

## 1 Hotel Brooklyn Bridge

アメリカ・ニューヨーク

　1ホテルセントラルパークに続き、ブルックリンブリッジの際に新しい1ホテルが完成した。セントラルパークと比較するとエントランスやレストランなどの共用部はスケールがかなり大きい。客室の素材構成はセントラルパークのものとおおむね同じ雰囲気ではあるが、ブルックリン橋に近いからなのか、スチールをより多用して<u>ヘッドボードのレザーの波板やスチールメッシュ</u>[1]など、窓から見える橋の景色とともにインダストリアルな世界観をより強めているように思える。古材の使い方が<u>少々ヴィンテージ寄り</u>[2]なところも、その世界観を目指したことが確信できる。ここは<u>ベッドルームと水まわり空間が明確に分かれておらず</u>[3]、むしろ分けようという意思が全く見えない。カーテンも扉もなく、全てがオープンのスタジオタイプである。洗面空間にもベッドルームまわりで使われているレザーの波板が回ってきているが、その裏側をスチール剥き出しのままで使い、<u>マグネットクリップでバスアメニティーが吊るされている</u>[4]。素材の表と裏をつくり、それを機能として活かしているアイデアはとてもユニークで、今まで見たことがない。その横には<u>グリーンディスプレイが設置</u>[5]されているが、これは部屋のヘソにあたる位置であり、どこにいてもこのグリーンが視界に入る。アートを設置する位置として効果抜群だ。幅130mmのフローリングが基本だが、その存在が控えめに感じるくらいの<u>大きなラグ</u>[6]がベッドまわりに敷かれている。スタジオのような1ルーム部屋での大きなラグの役割は、住宅でいうとフローリングの廊下からカーペットの寝室に入るような気持ちの切り替えをつくってくれる。まるでベッドのような<u>長さ2m超えのソファ</u>[7]は、7つのクッションで背もたれが埋め尽くされている。奥行き750mmあるソファだからこそ、安心して身を委ねられる。入り口付近にほかのホテルでは<u>見たことのない蛇口</u>[8]がある。"BETTER WATER LESS WASTE ?"と書いてある。英語がわからない私には何のことやら。飲める水？　お腹を壊さないかが心配で飲むのはやめた。

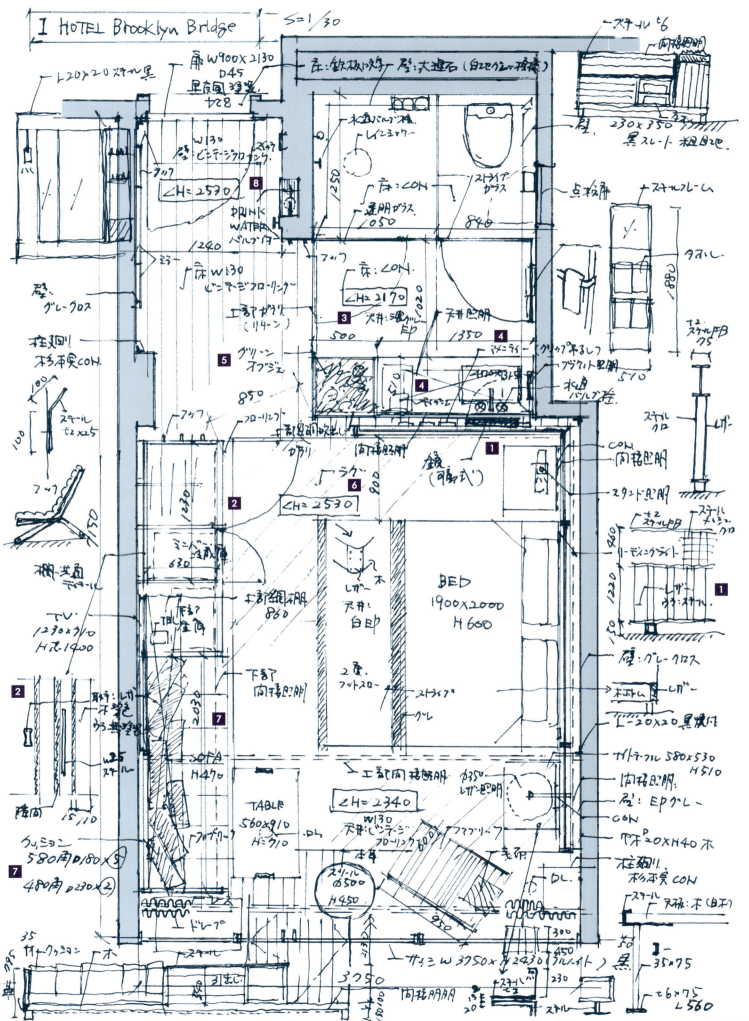

# 09

## Ace Hotel Palm Springs

アメリカ・パームスプリングス

　ロサンゼルスから車で2時間程走ると、高地の砂漠で独特な風景の街であるパームスプリングスに辿り着く。このホテルは元々モーテルとファミリーレストランだった建物をリノベーションしていて、プールを中心に基本的に外部空間で接続される客室は、その入り口からほかにはない独特の世界観をつくっている。客室は2層構成のタウンハウスのような連棟長屋[1]で、客室へは廊下からではなく、外構空間のテラス経由で入るテラスインスタイル。木材を斜めに張ってデザインされた高さ2200mmの木製扉[2]はその先に続く驚きの世界への序章だ。風通しとプライバシーを兼ねたスリットが開けられたコンクリートブロックの塀で囲われたテラスの中には、コンクリートでつくられた暖炉とソファがあり、上部には日除けと上階からのプライバシー確保のため、メッシュのターフが張られている[3]。このテラスだけでも内寸間口4000×奥行き5700mmの約23㎡あり、約24㎡の客室とほぼ同じ面積にあたる贅沢な空間である。客室に入ると床はコンクリート押えでテラスと同じようにハードにつくられ、壁はガラリ形状の白い横格子壁でシンプルにデザインされている[4]。ヘッドボードには幅300×長さ860mmの大きなクッションが横たわり、横格子壁には大小様々なポストカードやアートが飾られているが、S字フックやクリップで簡単に引っ掛けられて[5]、サッシのカーテンもテント生地がボタン止めで取り付けられている[6]のみ。ベッドサイドには750×2000mmの異なる柄の大きなラグが両側の床に敷かれていて、それらのDIY的なデザインは海外の友人宅にお邪魔したようだ。部屋の最奥部には、クローク一体の洗面空間[7]とトイレ一体のシャワールームがあり、約24㎡でなぜこんなに広いベッドルームと水まわりが確保できるのか？と疑問に感じたが、冷静に考えるとその答えは簡単で、客室内の廊下がないからである。テラスインかつベッドルームダイレクトインという一般的なホテルの客室とは真逆の入り方が、通常の広さの常識や感覚を狂わせるプランマジックを生み、それにまんまと魅了されたということだ。

# ACE HOTEL PALM SPRINGS  S=1/50

# 10 The Keating Hotel

アメリカ・サンディエゴ

　フェラーリのデザインで有名なピニンファリーナがホテルをデザインしたとの情報を得て、間髪入れずにサンディエゴに駆けつけた。長方形の平面形状に角が半径1925mmの円形で飛び出した一風変わった形状である。円形部分はソファゾーンとして活用[1]しており、天井高さ3500mmと合わせて平面的にも立体的にも抜け感のある開放的な空間に仕上がっている。白を基調にレンガタイルと所々にフェラーリのロッソコルサ（赤）のアクセントカラーが入っており、流線型シェーズロングソファ[2]と1Pチェア[3]が空間の中で妙に際立っていて、ここにピニンファリーナが関わっているというサインを感じた。床はコンクリート素地に赤い円形のラグカーペット[4]、洗面はステンレスヘアラインの曲げものでデザイン[5]されていて、それがベッドルームの中心に置かれている。一見かなりストイックな空間だが、盆栽のような植栽アートや壁のレンガタイル[6]が緊張感のある空気を和らげている。シャワーブース[7]は1600×1680mmという今まで見たこともない巨大サイズ。さすがにこれだけ大きいと水の飛び散りも心配ないという判断なのか、大胆にもシャワーブースに扉がない。シャワーの横にはデイベッド[8]が用意されており、赤いバスローブを着てここで一休み。ベッド高さはなんと750mmあり、これは今までの最高記録だ。その理由はベッド下にあった。長期滞在向けとしてベッド下に収納[9]があり、自分の衣類を収納できるように配慮されている。また、建築関係ではないデザイナーが関わっているからなのだろうか、洗面の水色樹脂製ボウルやシャワーブースの水色アクリル壁、各家具の高さや配置などが、ホテルの一般的な材料や寸法感から外れていたのが印象的だった。もちろん良いところも悪いところもあるのだが、一つ間違いなく言えることはほかにはない新しい感覚であったこと。ホテルデザインにおける異業種とのコラボレーションはホテル自体が進化するための大事な要素の一つと言えるのではないか。このホテルを使ってみて肝に銘じたことだった。

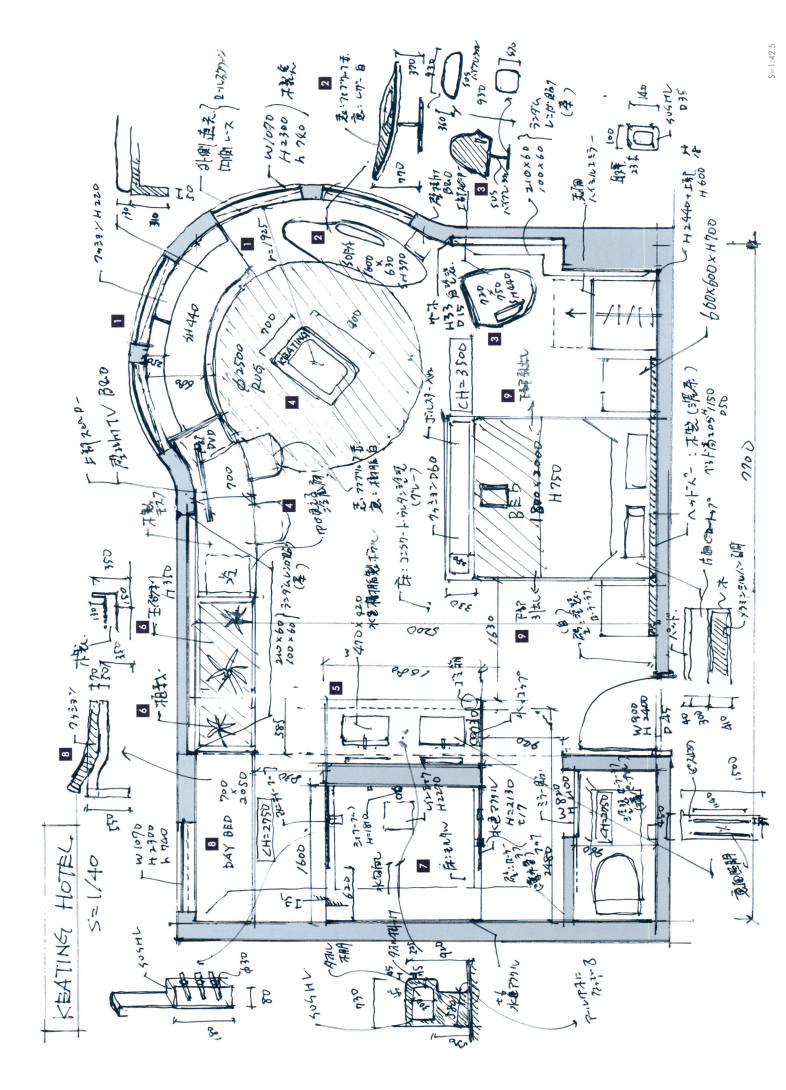

# 11 Palihouse West Hollywood

アメリカ・ロサンゼルス

　LA郊外にある中庭のあるアパートメントタイプのスモールホテル。スモールとは言ってもキッチン付きで1部屋58㎡という大きめの1LDKサイズ。もちろん部屋は間仕切られていないので、ゆったりベッドにゆったりリビング・ダイニングのスタジオタイプ[1]で、家具がゆったりとレイアウトされている。扉を開けるといきなりベッドで奥にリビング空間だが、アパートメント感覚で過ごせば、これも不思議と違和感はない。扉付近の壁には無造作に立て掛けられた木製のはしごにハンガーとタグの付いたトートバック[2]がラフに掛かっている。天井は決して高くはない、むしろ日本の住宅の高さとそう変わりない。リビングゾーンには長さ2300mmのボタン止めレザーソファー[3]がこの部屋の主のように構えている。背面には2130mm角のポラロイド写真を並べたアートが立てかけてある。様々な色合いのポラロイド写真[4]はばらつきがあって、これが窓際の赤いレンガの壁と同じように見えて面白い効果になっている。レンガの方をよく見てみると、赤いベースのレンガに白や黒のペンキがわざと施されて[5]、意図的にポラロイドアートと連動させようとしたものなのだろうと推測できる。唯一住宅に見えない部分がある。それは天井の照明だ。これも意図的だと思うが、天井にはシーリングファンとフィラメント球1灯しかない。フィラメント球の周りには化粧モール[6]が装飾のようにデザインされており、これが白で無垢な天井にスパイスとして効いている。この客室の大きさで水周りはホテル並みにコンパクトなので、ベッドゾーンとリビング・ダイニングゾーンは普通のホテルよりも広々している。その恩恵を受けているのがキッチン。通常このクラスの大きさの住宅ではキッチンはあっても長さ2100mmくらいだろうが、ここは長さ3000mmで100㎡級の住宅並み[7]のキッチンだ。そこに全ての調理器具が揃っているから、LAの高級別荘に滞在している気分になる。図面を描いてみると、部屋の大きさに対して家具が小さく、かつ少なく見えるが、実際はこの余白があるからこその豊かさをつくっていた。

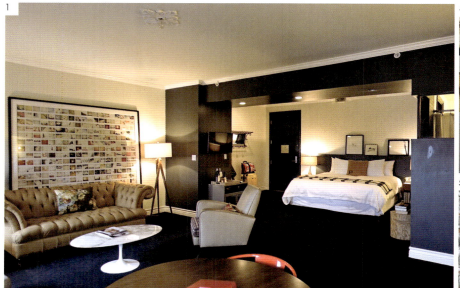

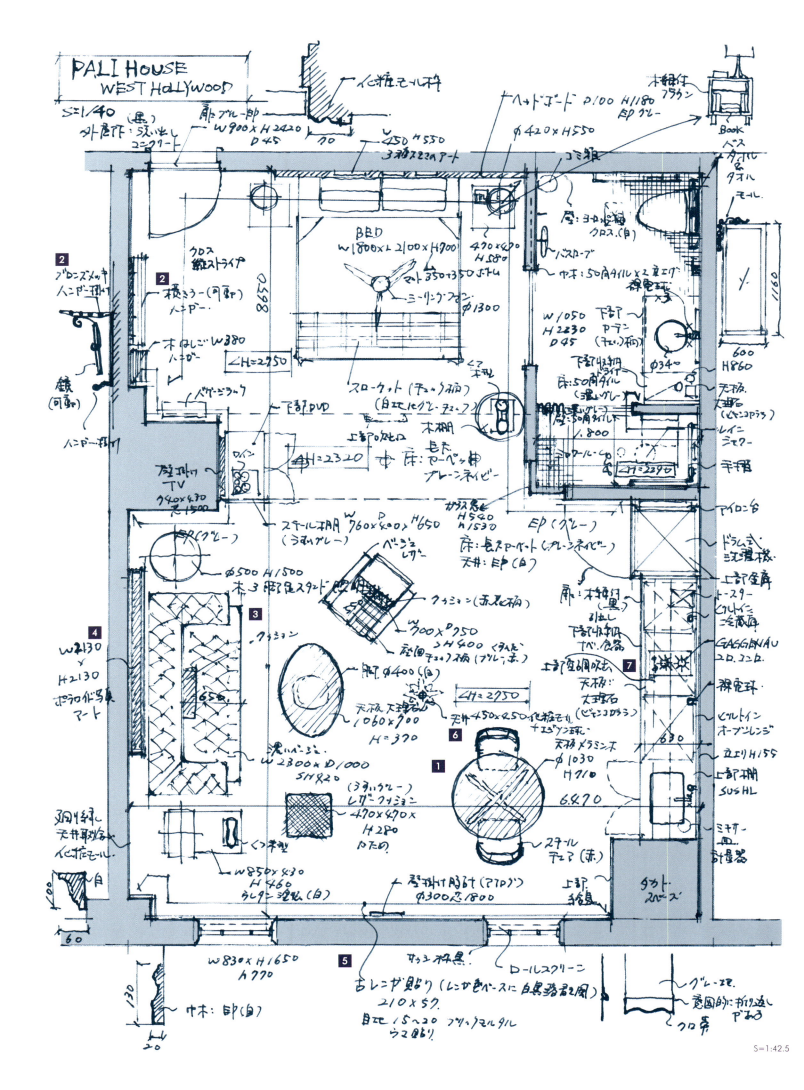

# 12  Ace Hotel Downtown Los Angeles

アメリカ・ロサンゼルス

　ホテル業界に新しい潮流と旋風を巻き起こしたエースホテル。ここもまた見たことのないレイアウトを世の中に示してくれた。初めてこのレイアウトを見た人は驚きを隠せないだろう。ベッドの足元はテレビが掛かった壁にドン！とくっつけられ[1]、頭側には厚み300mmのクッションを挟んでデスクが設置[2]されている。このレイアウト、凄い発想だ。通常はデスクが壁側に設置されており、そこに壁掛けテレビだ。ただこの場合は、デスクにいる時にテレビは見づらい。エースホテルの画期的なレイアウトは合理的でもあって、ベッドにいてもデスクにいてもテレビとある程度距離を保て、かつデスクがサイドテーブル代わりになるのである。内装のカジュアルでザクッとした素材感はエースホテルの真骨頂。高さ1840mmまでしか張られていないクラフトシートの壁[3]は、デスクのバックボードを意図したのだろう。天井もコンクリート剥き出しで躯体がそのまま露出[4]されている。照明も提灯照明が天井から吊るされ、コードもスイッチも丸見え[5]。リモコンなんてクッションのポケットに収まっている。何かを隠そうという意図はこの部屋からは全く感じない。むしろ見せていいじゃないか！という姿勢である。必要最小限にまとめられた水まわり[6]にはオリジナルのシャンプーボトルがディスプレイ[7]され、ミニバーも最低限だ。だがレイアウトやディスプレイの仕方など、どれをとってもセンスがいい。ミレニアル世代に向けた新しいタイプのカジュアルホテルだけに、一般的なホテルの常識はそこには存在しない。今までのホテルの様式と照らし合わせると、ホテルとしてでき損ないのレッテルをエースホテルに貼る人もいるだろう。だがそんなことはどうでも良いのだ。誰もがまぁまぁいいね！と平均点しかとれないホテルよりも、これを使う人が最高にハッピーな気分になることができるのであれば、それはホテルとしてありではないだろうか。何よりも、エースホテルの存在が、世界のホテルづくりに今なお多大な影響を与えている事実が、それを証明している。

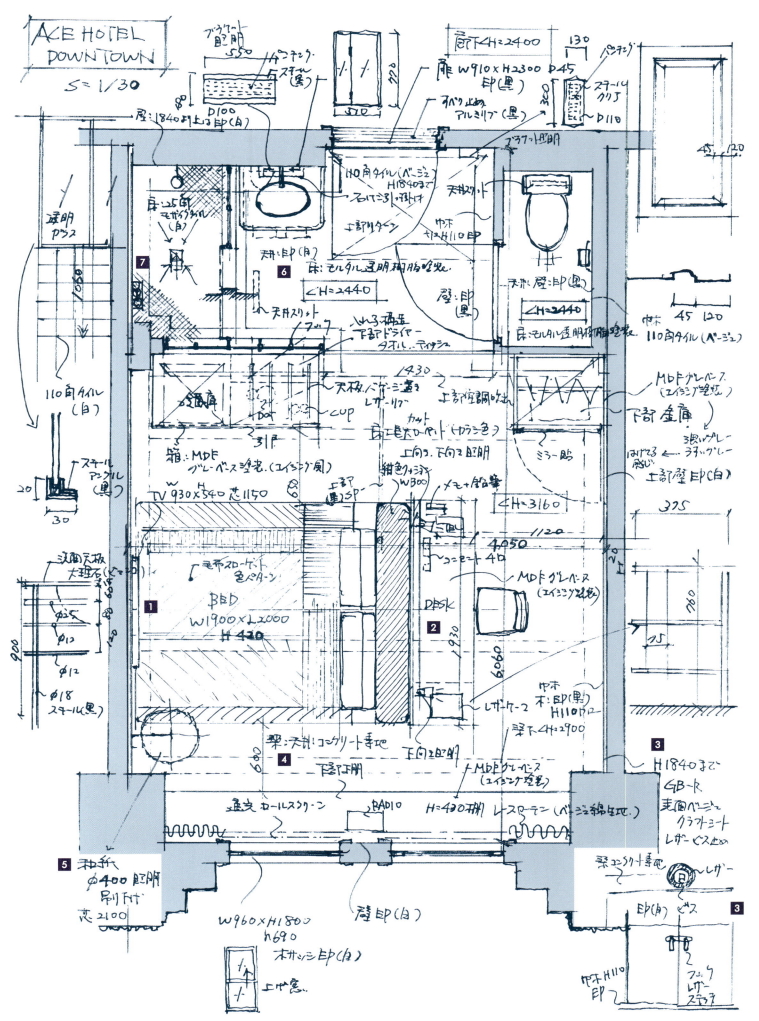

# 13

## W Mexico City

メキシコ・メキシコシティ

　Wホテルのデザインは地元のデザイナーを起用して地域の独自な手法やDNAを活用し、Wホテルの世界観と融合させて新しいデザイン表現を生み出している。メキシコのWホテルも例外ではない。鮮烈な赤い壁と天井に囲われたベッドルーム[1]に一瞬戸惑いを感じると同時に、思いもしなかった光景に心が躍る。その驚きは色だけではなく、全てが反転した部屋のレイアウトにもよる。つまり部屋に入るとデスク＆ソファゾーンがあり、その先にベッド、そして窓側に水まわりである。普通に扉側に水まわりを設けることができたこのプランで、あえてこの反転レイアウトを起用したWホテルの懐の深さに感服するとともに、どう使おうかとワクワクする。まずすぐに荷物が置ける、それからソファに腰掛けられる[2]、その後ベッドに寝転ぶ。そして冷静になって洗面所に手を洗いに行く[3]。ものの十数秒で違和感なく一連の動作ができたのは、人の行為の順に合わせてつくられたからだ。もう一つ、水まわりが奥にあるため、客室内に通路空間がない。無駄なく空間を使い切ることができることが最大のメリットだ。壁と天井が赤いので多少なりとも圧迫感はある[4]が、床は落ち着いた石調タイルでそれが水まわりまで続いていて、木製ブラインドが設置されたサッシから入ってくる自然光がタイルを柔らかく照らしている[5]ので閉塞感は全くない。むしろ床が水まわりまで続いているから不思議と膨張したような広さを感じる。水まわりは1260×2800mmの縦長の大きなシャワーブースにハンモックが設置[6]してある。ここにハンモックか！と不意をつかれた感じだが、シャワーあがりに一息つけるバスコートのバスチェア代わりのバスハンモックという新しい機能。シャワーブースが広い分、石の固定チェア[7]もあり、座りながらシャワーを浴びることができる。このシャワーは窓側にあるので、景色を見ることができるし自然光も心地よく入ってくる。サッシが床から天井まであるフルハイトサッシなので、開放感は半端ではない。都心にありながらもほかの都市とは違うラテン的な面白さとリゾート感を味わうことができる。なるほど、だからメキシコのWなのかと、妙に納得した。

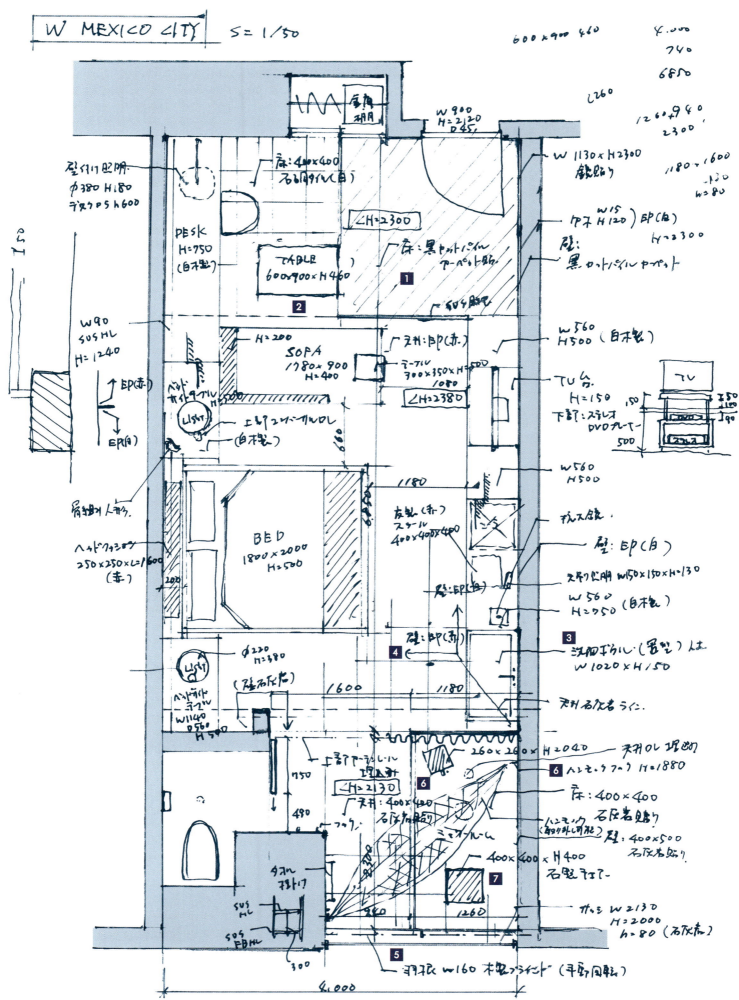

# 実測スケッチへの没頭の原点

　2003年頃、それまで共同住宅とオフィスしか設計してこなかった私にホテルの設計の話が入ってきた。当時はまだデザインホテルという言葉も浸透しておらず、ラグジュアリーホテルも数えるほどしかなく、宿泊特化型ホテルもチェーン展開が盛んな時期で、全国にあるビジネスホテルチェーン店はどこに行っても金太郎飴のように全てコピー&ペーストで同じであった。それは決して悪いことではなく、むしろどこに行ってもチェーン店として同じデザインと同じクオリティ、同じサービスをするということがホテルの当たり前であった。

　設計を依頼してくださったクライアントは、ホテルは好きだが建設も経営も運営もしたことがなく、それでも自分で建設したものを所有して自分で運営したいという思いが強かった。だからこそ、ほかにはないホテルをつくりたいという情熱があった。また、依頼は1件ではなく、ほぼ同時に東京都内で2件建設するというもので、同じホテルブランドを想定していた。そんな状況で、ホテル企画から参画して考えることになった。最大の問題は、竣工は半年ずれるものの、ほぼ同時に東京都内で2件同時にオープンするホテルのデザインを、チェーンホテルのように同じようにつくるのか？　ということであった。幸いにも場所は渋谷と赤坂であったため、利用層が異なるという実際のマーケット調査の結果から、同じ東京都内でも都内ローカリティの概念を新しく取り入れて、各々の利用者に受け入れられるようなコンセプトとデザインを組み立てようという結論に至った。そのためには建築だけでなく、インテリアデザインも含めたトータルな世界観を企画時点でつくらなければならない。当時の私は、建築設計のみを自ら行い、インテリアデザインは別のデザイナーに任せていたのだが、その新しい2つのホテルのインテリアをつくるために建築側から協力できることは何があるのか？　と自らに問いかけた。

　答えはアメリカのニューヨークで流行していたデザインホテルにあり、2カ月で2回、ニューヨークとロサンゼルスに行って、当時最新のデザインホテルを約30ホテル程度視察した。その時最初に泊まったのがニューヨークにある『チェンバース』だ。今でも私の心を貫いた衝撃は鮮明に覚えている。ホテルエントランスの扉からそれまでの概念とは異なる。扉が木製で見たことのない格子柄でしかも巨大だ。中に入ると2層吹き抜けの空間だが、ガラスのエレベーターやスチールを多用したディテールなど、それまでの自分の中にあったホテルの概念とは全く違った光景だった。暗い雰囲気のエレベーターを降りると、ホテルとは思えないくらいの暗い廊下に出会い、照明は床に記された各部屋番号をアーティスティックに照らしている。何もかもが初めて見るシーンばかりで感激して触ったり写真を撮ったり、約80室程度の大して大きくもないホテルなのに、ホテルに入ってからチェックインして自分の部屋まで入るのに30分以上かかった記憶がある。

　客室の扉を開けるとそこにはさらに想像以上の空間が広がっていた。アメリカ人でもない私が"Wao!"と言ってしまうほどの、軽い脳振とうを起こして倒れそうになるくらいの衝撃がはしる。フローリングにラグが敷いてあるホテルなど見たことがないし、ソファやクッションの色合いの組み合わせなど、東京下町育ちの私には全くもって想定外だ。デスクのガラスにスチールの脚もデザインが秀逸で、おまけに当時の建築家がスケッチする際に使用しているイエローペーパー（黄色いトレーシングペーパー）が備品で置かれている。日本のユニットバスに慣れていた私にはシャワーブース、しかも天井から文字通り雨のごとく降り注ぐレインシャワーには驚きを隠せなかった。レインシャワーは当時日本では高級なスパでしかお目にかかったことはなかったからだ。

　現地で寸法や色などを部分的に記録しようと思って持参していたTAJIMA製のコンベックスと日本塗料工業会のカラーチップとプロジェクトペーパー（方眼紙）。気づいたら部屋全体を図って描いて、寸法・材料・カラーチップと照らし合わせた色番号を夢中になって書き込んでいった。あの頃と今を比較してもスケッチの描き方は何一つ変わっていない。小さい頃からなぜか白紙を埋めるのが好きで、仕事ではスタッフが作成した図面のチェックバックを赤ペンで白い部分が埋まるくらい書き込むウザい性格だから、スケッチもA4の方眼紙を埋め尽くしたくなる衝動に駆られる。だから小さすぎず大きすぎずでバランスよく客室平面を当て込むが、周囲の余白もつくっておかないと部分ディテールのスケッチを描く場所がなくなる。それを頭に置きながら全体の内寸を図り、縮尺を決めて客室のアウトフレームと建具類を先に描いていく。そこからは面倒なことを先に片付ける性格が表れる。客室スケッチで面倒といえば水まわりだ。それを先に描き上げてからベッドゾーンに移行する。その途中で詳細ディテールも同時に描いていくが、あまりにテンションが上がって詳細ばかり描いてしまい、あとで埋まりすぎて描けなくなることもしばしばある。これを大体夜中にやるので、テンションが上がってしまうと5時間くらい測って描く作業に没頭していることもある。だからいつもホテルでは眠れない。ベッドが新しくメイキングされた状態のままチェックアウトすることもよくある。

　大体、海外で話題性のある新しいホテルができると新鮮なうちに行くようにしている。特にニューヨークには少なくとも2年に1度は訪れている。1度行くと、新旧のホテルを1日に15ホテルくらいは見て回る。2日で30ホテル、3日で45ホテルだ。なぜ1度見たホテルをもう一度見るのかというと、話題やトレンドのピークを過ぎたホテルがどのようになっているのかをチェックするためだ。何もしていないホテルもあるし、こまめに変化させているホテルもある。そんな風に慌ただしくホテルを見るために動いているから、これだけ海外に行っているのに観光はほとんどしたことがない。「私にとってはデザインホテルが観光地なのか…？」と、くだらないことを考えつつ、今日もまた目の前にある客室を図って図面を描くことに没頭している。

# ASIA

## アジア圏

### アジア的DNA －突然変異を予感させる知恵と工夫

　ここでのアジアは主に上海、香港、シンガポールだ。同じアジアである日本と比較しても、デザインホテルの数は想像を遥かに超えて多い。アジアから新しく生まれるというよりもアメリカのデザイントレンドからヒントを得て、アジア流に置き換えてオリジナル感をつくることにチャレンジしているようにも見える。つまりアメリカのデザインをそのまま持ってきているのではなく、空間の設え・色合い・材料やディテール・アートなどはローカル独自のDNAで表現しているし、中には突然変異的に独自の進化をして欧米にはないスタイルのデザインホテルとして仕上がっているものもある。

　特にこの突然変異的なデザインホテルが実に面白い。アメリカとアジアの文化的価値観が異なるのは当然だが、その違いが大きいからこそ変異量も大きく、見たことのないデザインや使い方が生まれることに繋がっている。また機能的なギミックが多いのも特徴的である。一つの家具に複合的な機能を挿入したり、機能を隠したり、空間を仕切って可変させる発想は、「狭い土地や空間をいかに有効に使うか」というアジア独特の知恵だからこそ為せる業だ。ディテールもシンプルな形状や材料構成のものが多く、意図的に装飾するもの以外、ベースはまずミニマルであり、材料の素材感やフォルムで独自の世界観をつくりあげようとしているのがわかる。

　また、アジアのデザインホテルはアメリカのデザインホテルよりも客室面積が比較的小さいものが多く、25㎡から35㎡くらいが主流だ。全ての寸法において一回り小さく、それだけコンパクトにまとめられるのは、日々の生活で培っているコンパクトな寸法感覚によるものが大きい。ゆえに水まわりも大きすぎず小さすぎずという、まさにアジア人にはフィットする寸法だが、大柄な欧米人が使うにはやや手狭に感じるかもしれない。50mm、100mm程度の差だが、それが単位寸法としては大きい差になる。中には面積の広いラグジュアリーデザインホテルもあり、その場合、水まわりはゆったりしているが、デザインはアメリカのそれと比較しても、質感重視かゴージャス感重視かくらいの材料選択の違いがあってわかりやすい。

　今後アジアから生まれたデザインホテルが逆輸入されてアメリカのデザインホテルに影響を与えるようになってくると、世界のデザインホテル全体に突然変異が増えて面白くなるに違いない。

# 14

## Banyan Tree Bintan

インドネシア・ビンタン

　ビンタン島は、シンガポールから高速船に乗って1時間で着くインドネシア領の島である。バンヤンツリーのリゾートブランドであるこのホテルの客室は、離れタイプで一軒一軒建っている。両開きの木製扉[1]を開けると、エントリーコートと海が視界に入ってくる。エントリーコートには1800×1800mmサイズのジャグジーと、デイベッドが2台、海を見ながらお茶が飲めるテーブル[2]、まさにリゾートの醍醐味だ。この演出だけでもすでにやられてしまっているハートが、部屋の中に入ってさらに鼓動を高めることになる。茅葺きでつくられた天井は高さ5400mm[3]。そこには天蓋付きベッド[4]に、海に張り出したように納まるデイベッドソファ。天蓋付きベッドで初めて気づいたが、ベッド高さが650mmと通常よりも高い。王族ベッドのイメージだから高い位置でないと確かにしっくりこない。ベッドの両サイドにはラグが敷かれており、ベッドから最初の一歩の踏み心地感をソフトにしてくれる心憎い演出。窓側のデイベッドソファは長さがベッドよりも長い2500mmで奥行きも1000mmとゆったりサイズ[5]。海を見ながらまったりとした時間を味わえる何とも贅沢な場所である。水まわりにはクロークもあるので身支度ルームとでも言えようか。バスタブとシャワールームは兼用なのだが、バスタブの立ち上がりがなく逆に床から45cm下がっている[6]。床に潜ってバスタブに浸かるイメージで、プールのようなつくり方である。さらには海に向かって開けることのできる両開きサッシであり、これを開けてこそリゾートだ。スケッチを終えて一つ改めて気づいたことがある。それはここの部屋の建具は全て両開きもしくは両引き[7]なのである。両手で開ける扉は片手で開ける扉よりも神聖かつ崇高な場所に入るイメージがある。リゾート滞在にそれを置き換えるならば、気持ちの切り替えと特別感をつくるための儀式的な行為なのだろうとも感じた。しかしこういう場所は図面を描いてハイさよならではなく、できることならゆっくりと何泊も滞在したいものだ。

［注］掲載内容は取材当時。2013年の改修工事によりヴィラのレイアウトは変更され、現在は全室にリラクゼーション・プール（3480mm × 2600mm）が完備されています。

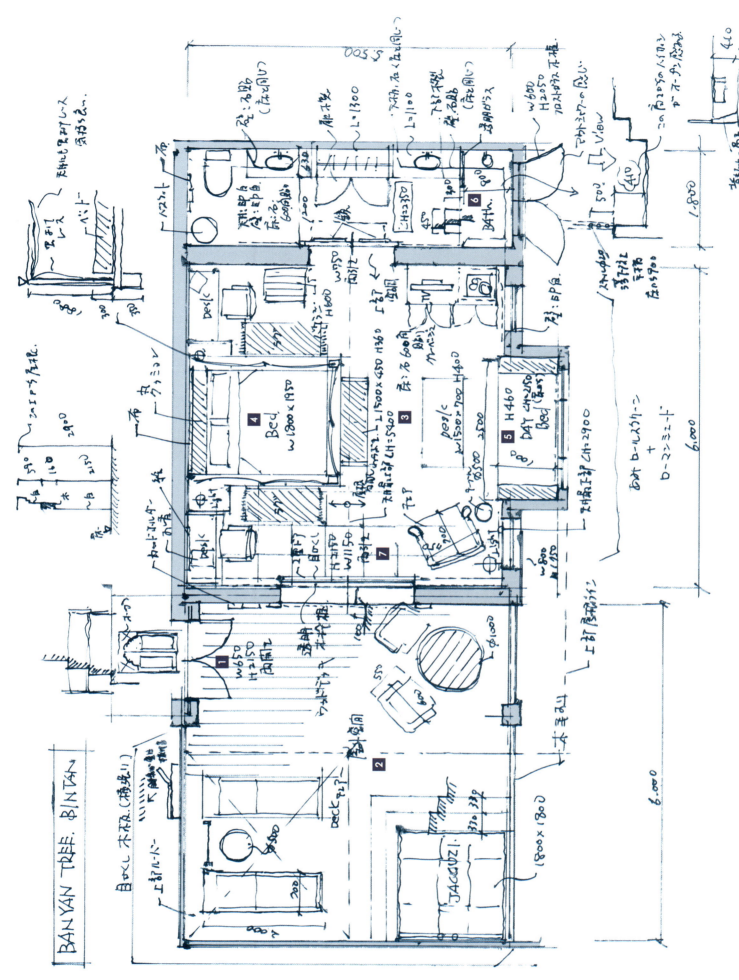

# 15 PARKROYAL on Pickering

シンガポール

シンガポールと聞いて真っ先に思い浮かぶホテルといえば、屋上に巨大なプールのあるマリーナベイサンズだろう。しかしここも負けてはいない。大きくえぐられた建物形状は段々のテラス状のレイヤーデザインで成り立っており、そこに立体公園のように亜熱帯の植物が植えられているファンタジックなホテルだ。客室はそのオーガニックで少々エキゾチックな雰囲気をワントーン落とした、しっとりとした温度感で表現され、壁の大半は柔らかい木パネル[1]で仕上げられている。2面扉で半オープンにできる洗面空間[2]は、木製のフレームで組まれた洗面化粧台[3]が北欧家具のようにデザインされていて、洗面台というよりも気の利いた棚のように見せている。扉の表面は化粧フレームで幾何学模様にデザインされており、その一部に鏡が組み込まれ[4]、反射効果で部屋を広く見せている。通常カーテンウォールのサッシ部分はそのままインテリアとして見せるのが普通だが、このホテルはサッシの位置に合わせてロールスクリーンの溝を架構した木フレームの方立[5]を手前に設置し、部屋側から見てサッシの存在を消すように工夫している。また途中に横桟も入れて扉や壁と同じ幾何学模様でデザインされているが、それだけでは終わらない。木フレームは室内のデスク脇とソファ脇にも組まれている[6]。そのフレームの一部が行灯のような箱状のアクリルで囲われ[7]、そこが照明機能となっている。「建築＞家具＞備品」の関係性ではなく、全てが建築と一体に見えるようなデザインで空間のインテリアを解いている。そう考えると床もフローリングにしがちであるが、あえて床フローリングは洗面前の通路だけで、ベッドゾーンは植物のイメージに合わせて淡いグリーンのカーペットが敷かれている。床全部がフローリングであるならば、この部屋を包んでいる柔らかい表情は逆に出せなかっただろう。建築的にデザインを構成する際に木で全てを構成してしまうとかえって硬い表情になってしまう危険性をこのインテリアは教えてくれた。

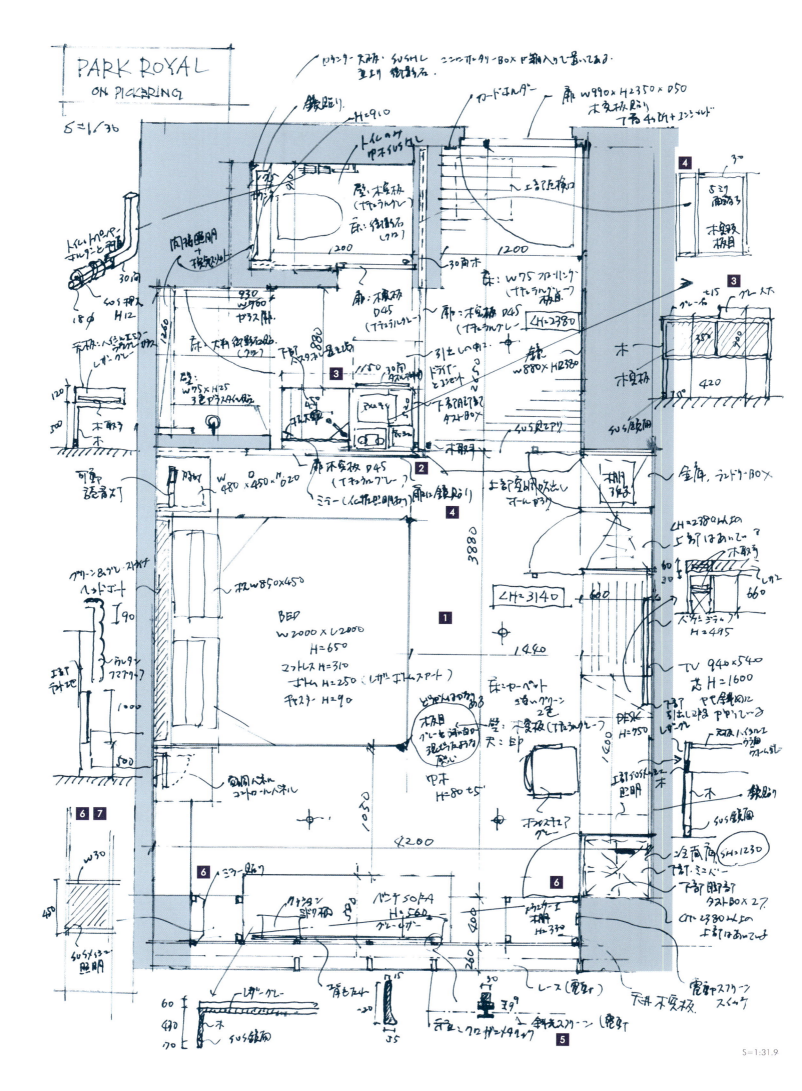

# 16   The Fullerton Bay Hotel

シンガポール

　長い歴史を持つフラトンホテルの姉妹ホテルとして誕生したフラトンベイ。デザイナーは香港を拠点に活動しているアンドレ・フー氏。内装はゴージャス＆ラグジュアリーでフラトンホテルとは全く別物でデザインされている。このゴージャス感だと通常は50㎡級の客室規模を想像するが、ここは40㎡しかない。その縮小された大きさの空間にラグジュアリーなアイテムやディテールが凝縮されているようにも見える。香港のデザイナーだけあって、どことなくアジアなテイストを垣間見ることができるが、その設えはシンプルには終わらない。ヘッドボードに施された25mmの格子の間には鏡が貼り付けられ[1]、また扉の木練付部分は鏡面ウレタンクリアで仕上げられており、所々に現れるステンレスの鏡面仕上げとともに、どことなく艶感で満たされている。蛇紋柄の石が貼られた水まわり[2]は極めてコンパクトながらも4フィクスチャー（洗面、トイレ、シャワールーム、バスタブ）[3]が納まっている。ラグジュアリーな4フィクスチャーとしては各々の動作空間を狭く感じさせないギリギリの寸法でつくられている。部屋の真ん中に鎮座するミニバーは、L型の鏡[4]が棚にディスプレイされている飾り物やリキュール、スナック類を映し込んでいて、賑やかさを演出していた。ガラスの引き出しを開けると、グラスやカップ類が動かないように溝が掘られている[5]。こういう配慮は、まさにラグジュアリーホテルのホスピタリティだ。またこのホテルは、800mm角のオットマンとサイドテーブルが申し訳なさそうに置かれているくらい狭いが、部屋が小さい分、バルコニーが設置されている[6]。奥行きが1200mmしかないので、決して広くはないが、それでもこういう景色の良い場所では、外の空気に触れる場所があったほうが断然気持ちがいい。しっかりしたビジネスデスクにパウダーオットマン[7]があるところを考えると、このホテルはアッパーツーリストとアッパービジネスマン利用の両方を意識したホテルだということがわかる。この設えの25㎡〜30㎡バージョンを日本で展開したら、価格的にもニーズがあるのではないか。

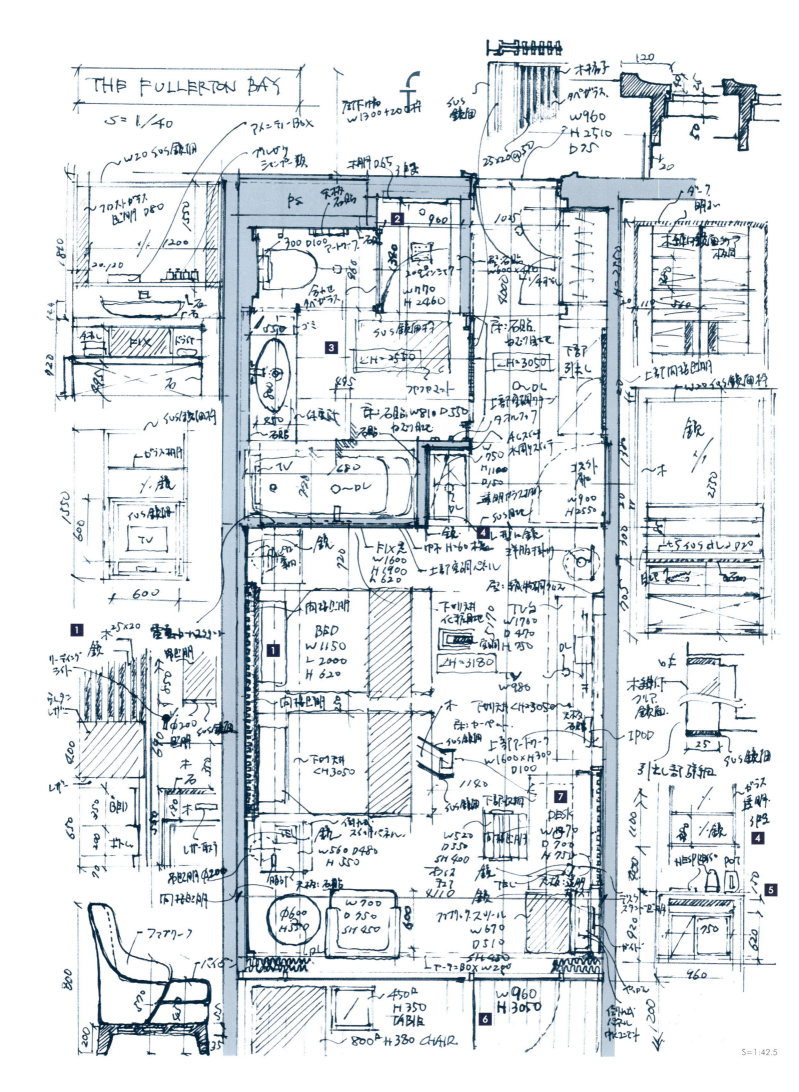

# 17 The Warehouse Hotel

シンガポール

　クラークキーエリアにある築100年の歴史ある建物（倉庫）を修復しながらコンバージョンしたホテルである。元の倉庫の天井を活かした設計になっていてホテルは2階建てだ。2階部分の客室天井高さは2.58～4.87mで、斜めに高く上がっている天井[1]は部屋を実面積以上にとてつもなく広く感じさせる。ここのデザインは素材の組み合わせが絶妙。古い建物をクラシックに偏って表現することもなく、あえてコンテンポラリーなデザインと素材で力を入れすぎることもない。カジュアル感を出しながら、倉庫の記憶をディテールで残している。天井にかかるスチールのトラス補強材[2]が、新しい部材ながらも倉庫の世界観と記憶を見事に表現していて、憎い演出。この斜め天井とトラス材、これだけでもこのホテルのデザインはほかのホテルには真似のできない圧倒的なオリジナリティがあるのだが、これを軸に建具や家具もデザインして、無機質な倉庫からインテリアとしての客室に転換している。スチール壁と型板ガラス[3]で構成された水まわりの間仕切り壁は、照明が型板ガラスを透過する際に起こる光のグラデーションと奥行き感によってスチールの冷たさを和らげ、温かみのあるラグジュアリー感を演出していた。この建具の枠ディテール[4]がインダストリアルでノスタルジーなインテリアのスパイスになっている。5mmのスチールフラットバーに32mm角のスチール角材が溶接され、出隅でエッジーなコーナーをつくっている。海外ではこの手の大きさの客室でよく見掛けるが、水まわりの入り口が通路側ではなく、ベッドゾーンから直接入れるつくりは非常に使いやすいし、壁のデザインに開口部などの自然なアクセントが生まれる[5]からこそ、アートがなくても建築的なインテリアが成立する。壁のベースは1200×900mmのボードにモルタル塗装のパネル[6]で、これがまた何ともいえない。着飾りすぎず主張しすぎないバランス感覚と今どきの感度の良さを感じるのだ。家具や棚、クロークなどにも木とスチールで組み合わされたデザイン[7]が踏襲されており、徹底的に既存建物の空気を大事にしていることが伝わってくる。

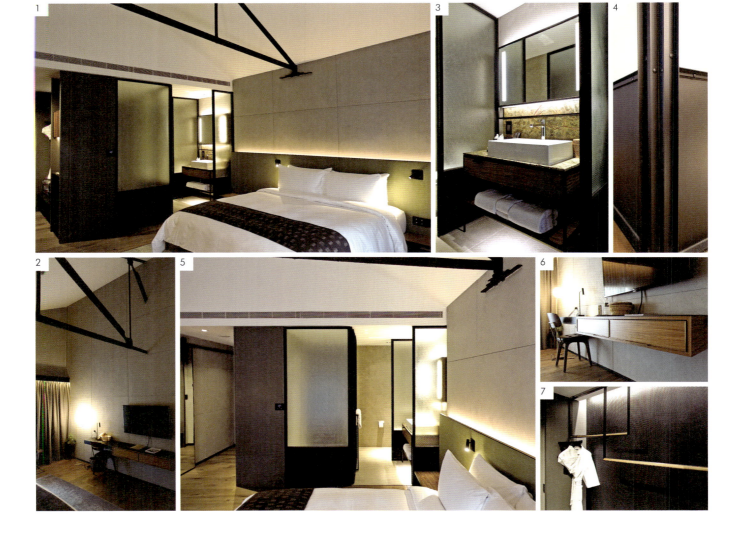

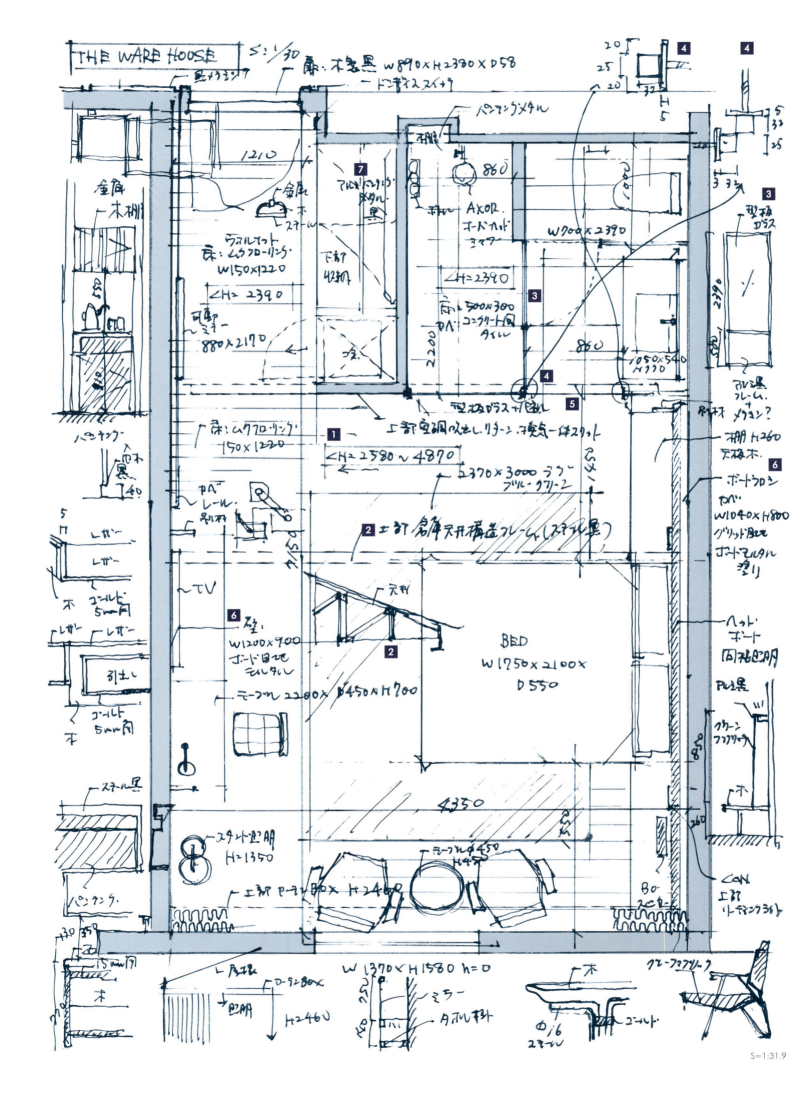

# 18 Heritance Kandalama

スリランカ・カンダラマ

スリランカの偉大な建築家ジェフリー・バワ氏によるあまりにも有名なホテル。自然の中に溶け込むようにつくられた建物は環境建築のお手本でもあり、ここにいると人・建築・自然の関係を改めて考えさせられる。その関係性はリゾート空間という形に置き換えられてここに佇んでいる。どこか素朴で壮大な自然の中のユートピアでもあるホテルの客室は、実にモダンで洗練されたデザインであった。客室扉の金物なんて見たことないものだらけ。幅165mmの羽目板でつくられた扉[1]に、丁番の延長でそのまま扉面にリベット付きスチール材が化粧で貼られている。枠はスチールではなく、洗い出しコンクリートでつくられている。この扉のデザインだけで、すでに部屋全体のオリジナリティー溢れるリゾート感を予感させる。ヘッドボードの壁面は大胆に黒で塗られており、大きな縦柄のラグがタペストリーのように掛けられている[2]。ベッドフレームもシンプルな木のつくりだが、そのヘッドの格子や脚のディテールや寸法は、この部屋全体のヴォリュームから計算されているようにしっくりはまっている。窓側のスペースはソファ・照明付き鏡・テーブル・照明付きサイドテーブル・ラグ[3]で構成されており、その完璧なまでのフォルムといい大きさといいバランスといい、まるで芸術作品のようだ。水まわりも4フィクスチャー（洗面、トイレ、シャワールーム、バスタブ）が揃っていてゆったりしている[4]。あえてシャワールームは窓側[5]にあり、建物を覆っている緑に包まれながら湯を浴びることになる。コンパクトなテラス[6]も設置されており、テーブルと椅子があるだけだが、野生のサルがたまに遊びに来るから、それだけでこのテラスは単なるテラス以上の価値を有し、自然の中に身を投じている感覚が一気に高まっていく。内装も家具も一見質素につくっているが、そのフォルム、材料、見付寸法、間のとり方、全ての家具がお互いに呼応しながら部屋全体に優しい心地良さをつくっている。これがジェフリー・バワ氏の真骨頂、一生に一度は訪れたい場所である。

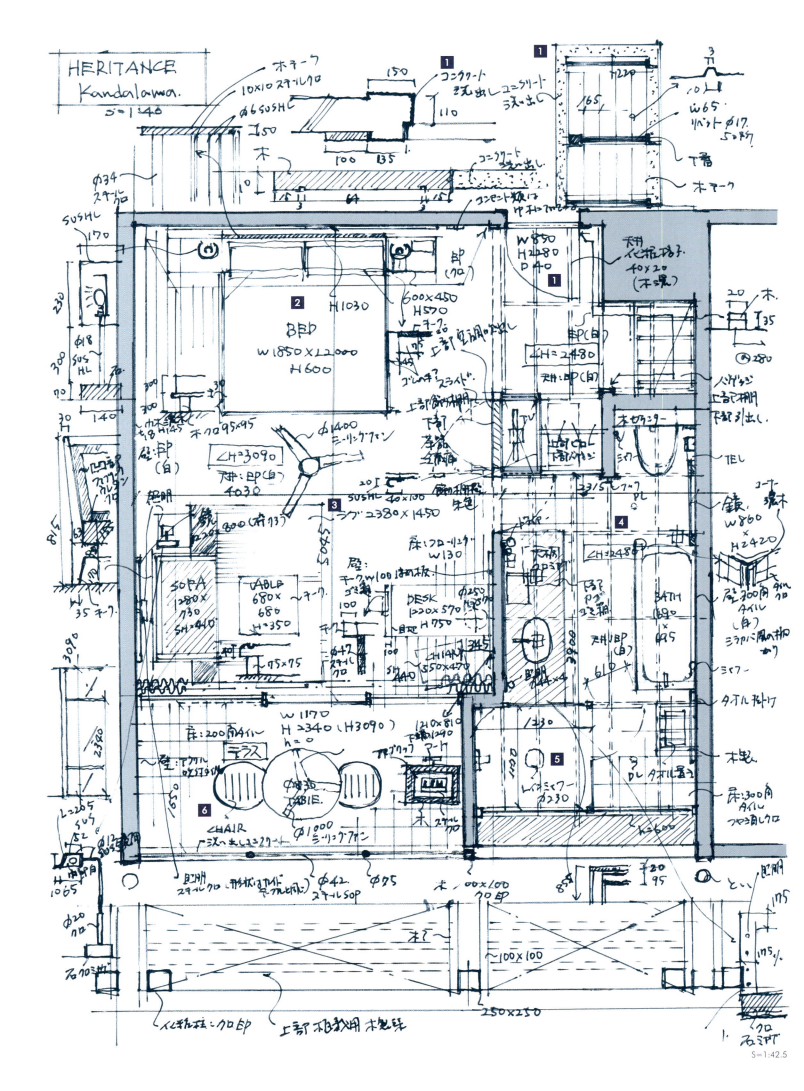

# 19

# W Hong Kong

香港

　香港のWホテルは、Wらしい華やかな世界観は残しつつ、全体的には実に機能的である。機能的と言ってもガッチガチの堅苦しさということではなく、実際に使っているとマジックの種明かしを見た時のようなスッキリ感があって、楽しい気分になる機能なのだ。扉を開けると淡いブルーグレーで統一された部屋の色彩は、窓越しに見える香港の海景とシンクロして一瞬で爽やかな気持ちになれる。洗面空間とベッドルームと廊下が全て開放的になっているが、洗面は大きな引き戸によって仕切る[1,2]ことができる。扉の裏には洗面鏡が仕込まれており、必要な時に必要なものが現れる仕組み。だから、洗面台はいわゆる洗面台らしいデザインではなく、水平の棚2段の中にスクウェアな洗面器が組み込まれ、天板には床からパイプが貫通したスタンド照明が取り付けられている[3]。住宅で言うならばベッドルームに置く家具のようなイメージなので、洗面空間までもがベッドルームの一部のような感覚になり、直感的にベッドルームが広く感じる。テレビは壁に設置された横長の鏡パネルの一部に隠されており[4]、扉をスライドさせて初めてご対面できる。部屋全体に散りばめられたバタフライ（蝶）のグラフィックが何とも可愛い[5]。調べてみると、東京都の1/2の面積である香港で見ることができる蝶の種類は何と230種類だとか。なるほどこれも地域性の特色で、それをデザインに反映しているのだ。ナイトランプ・洗面鏡・ミニバー扉の照明を点灯すると、蝶や植栽の柄が浮かび上がってくる仕掛け[6,7,8]になっていて思わず頬が緩んでしまう。窓側に置かれたソファは3面背もたれが回っていないデザインで、半分は座面のみ[9]。これによって窓に向かって景色を見ながら座ることもできる。天井から足元までガラスカーテンウォールになっているスケルトンの開放的な特性をそのままインテリアにも活かしている。部屋にいながら蝶が空中を舞っているような浮遊感をつくりたかったのかもしれない。そう思うと、余計なものは見せないという機能が隠れているデザインにも納得した。

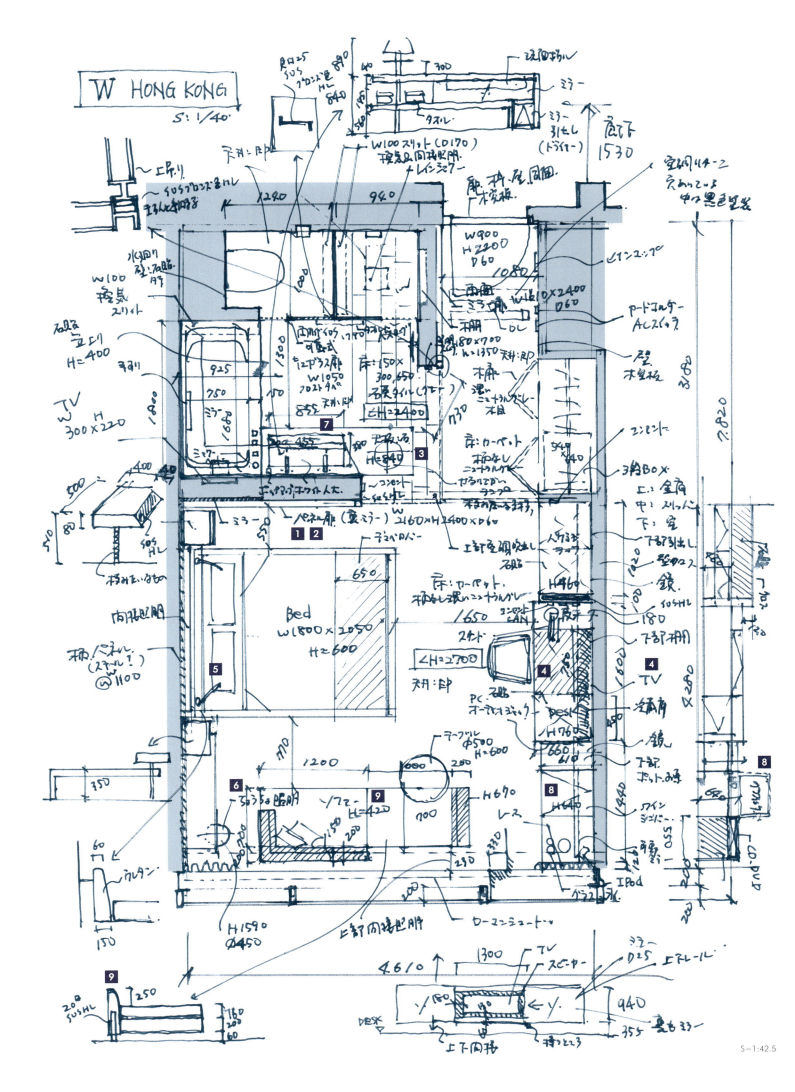

# 20

## 99 Bonham

香港

---

　香港島には小さな土地で容積と高さをフルに活用した高層ホテルがいくつもある。この 99 Bonham もその一つで、客室は 3 室／フロアという地震国日本では考えられない縦横比のペンシルホテルである。約 30㎡ ある部屋にキッチンが設置されているコンドミニアム形式であり、香港の高層レジデンスのような設えだ。キッチン付きといっても、その存在はいつも姿を現しているわけではない。<u>通路に面したクロークと並列に扉で隠されている</u>¹。ゆえにコンドミニアムであっても、その住宅っぽさは姿を消している。<u>洗面、トイレ、シャワーの並び</u>² は少々使いづらいが、日本の 3 点ユニットバスと比較したらこちらの方がはるかに広くて気持ちいい。色使いも壁天井はグレートーンで落ち着いており、床はオークのナチュラルフローリングで全体的に派手な色もなく、むやみに刺激してくるようなデザインがないのも住宅の安堵感に共通する。窓は<u>床から天井までのフルハイトサッシ</u>³ で、窓際に立つとこの高層建物群の中に吸い込まれそうな怖さがあるが、その恐怖感に自分の心が打ち勝てば、脳天から突き抜けるような開放感を手に入れることができる。そこには<u>ハイバックのソファとローダイニングテーブル</u>⁴、向かい合って 1P ソファにオーディオ機器が置いてある。このソファに座るとフルハイトサッシの影響もあって香港の街に浮いているような感覚に包まれる。このホテルの個性的な考え方はカーテンに表れている。サッシ面だけではなく、コの字状に三方囲うように<u>カーテンが閉まる</u>⁵。閉め切った時はソファエリアが柔らかい布に包まれる感じがするし、開けた時には両側面にカーテンが収納されるので、ガラスの開放感がむきだしになって部屋が圧倒的に明るくなる。また、<u>ヘッドボード部分</u>⁶ や<u>水まわりとの境壁</u>⁷ には硬質なガラスパネルを採用している。硬くて反射するガラスと柔らかくて吸収する布がこの空間の中に 50％ずつ存在し、緊張感と柔らかさが見事に共存する、まさに長期滞在したくなるくらいのラグジュアリーレジデンスな空気感を生んでいる。

Image (No. 3, 6) courtesy of 99 Bonham

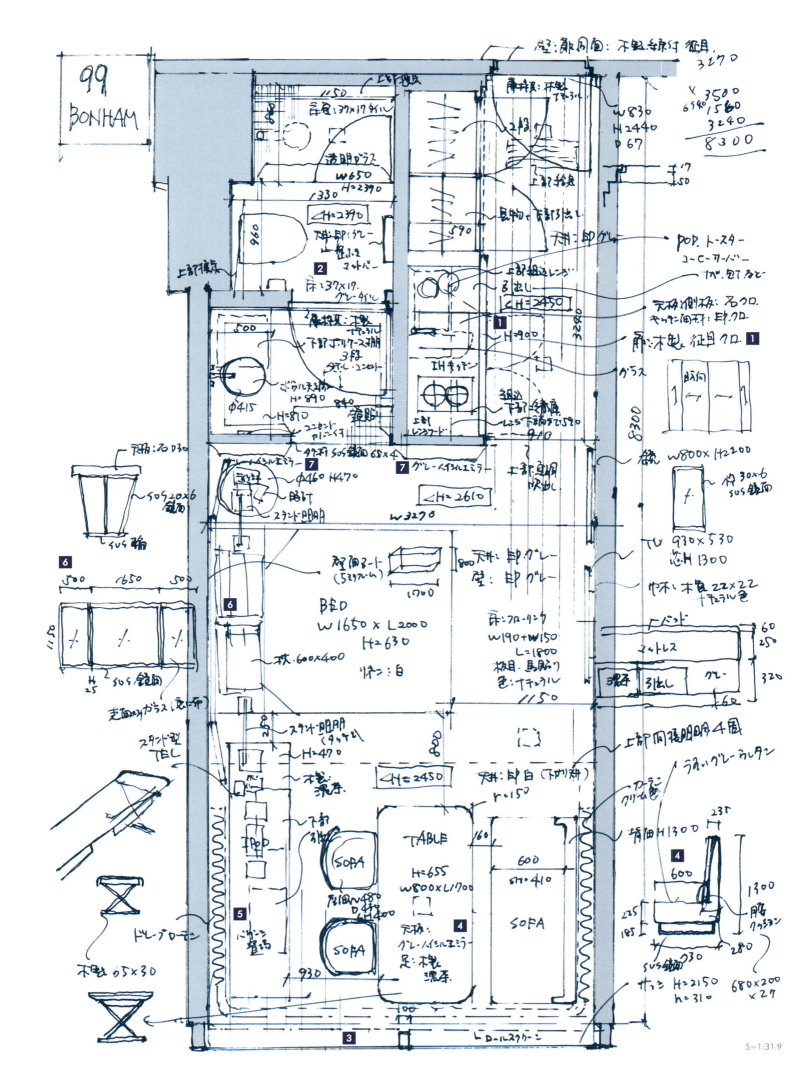

# 21 Mira Moon Hotel

香港

　香港島にあるミラホテル系列の新しいブランドで、とにかく元気にさせてくれるディテールがたくさん散りばめられている。Wホテルのポップさとやや共通しているところはあるが、こちらはテーマに沿って徹底的にやりきっている。聞けば中国神話の月のうさぎがテーマになっているとのこと。赤いド派手なカーペット敷の廊下を歩いてくると、その月とうさぎがかたどられた圧倒的なグラフィックの木カットパネルと照明[1]に迎えられる。扉を開けると、ヘッドボードとテレビボードの白いウレタン鏡面のうねった壁[2]はデコラティブをポップに誇張表現していて、この部屋の空気感を支配している。と思えば、ティーセットが保管されている棚の壁は香港的なアジアン柄の木パネル[3]。窓側正面には、真っ赤なグラフィックが描かれているカーテンレース。建物の屋根がアジアンリゾートのような木の格子柄。これだけでは支離滅裂なイメージを受けるが、全てやりきっているもの同士がテリトリーを守りながら共存しているので、決してうるさい感じではなく、むしろよくまとめたものだと、感心する。奥にある水まわりがまた異世界を演出している。全体的には白い空間なのだが、正面一面の壁は白ベースにモザイクタイルで繊細に花や蝶を描いていて[4]、強烈なインパクトを与えている。そのグラフィカルな壁を背景に、置型バスタブが置かれている光景はオンリーワンであり写真映えする。このバスタブの配置が壁に対して平行ではなく、斜めに置かれているところに、デザイナーのセンスの良さをさらに感じる。洗面台は木でつくられており、こちらもまた西洋クラシックデザインを東洋風にアレンジして誇張したようなディテールの脚[5]が何とも可愛らしい。花柄に光る照明が内蔵された鏡にモザイクタイルが映り込むと、その不思議な世界観は一気に洗面空間を包み込む[6]。世界のデザインホテル向けの予約サイトであるタブレットホテルズの解説では、「まるで東洋風に仕立てられた不思議の国のアリスのような空間」と表現されているが、まさにその通りだ。

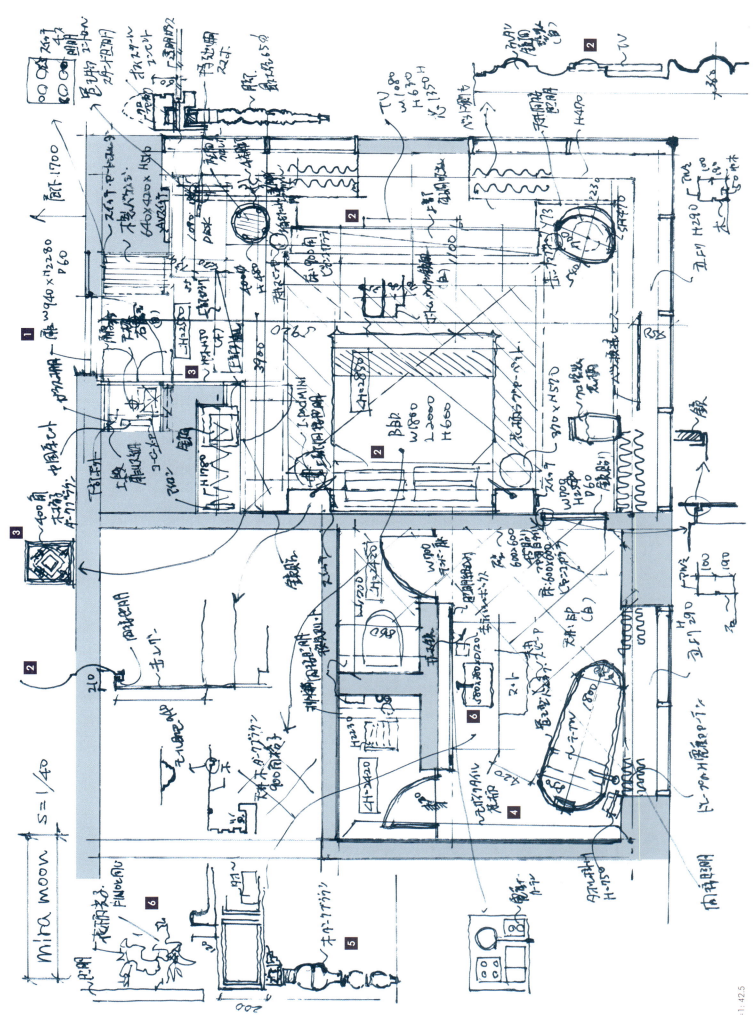

# 22 HOTEL QUOTE Taipei

台湾・台北

　ここはちょっとした会員制秘密クラブ＆バーのような空気を漂わせている。全体的に照度が低く、ピンポイントで明るくなっているその照明計画は抑揚があって官能的。その空気感と温度感は客室にもそのまま踏襲されている。細長い客室スケルトンは<u>手前の水まわり空間と奥のベッドルーム空間で完全にセパレート</u>[1]されている。床・壁・天井が各々異なる素材を使っていて、かつ水まわりがオープンになっているので、扉を開けた瞬間は部屋に入ったというよりも水まわりに入った感覚に陥る。それを助長しているのが<u>シャワーブースのガラスと抑揚のある照明</u>[2]だ。ピンスポットに光が当てられている洗面器とシャワー器具が浮かんで見え、まわりが暗く沈むのでコントラストがよりクッキリする。その際ガラスはより反射を失い透明感を増すのだ。クローク内も<u>抑揚のある背面からの間接照明効果</u>[3]によってアメニティーに色艶を与えている。ベッドルームも決して明るくはないが、同様の手法で照明がモノにあたって反射している。<u>ベッド横の吊り照明</u>[4]は機能的な役割は大きくない気もしたが、空間のイメージを大きく左右する重要なアイテムである。こういう機能的に振りすぎない照明も時には必要なのだ。<u>奥にはやや大きめのデスク</u>[5]が鎮座していて、ベッドルームと水まわり側を向いている。客室全てが見渡せる、いわゆる社長机スタイルというものである。デスクを壁に向けるよりもスペースは余分に必要だが、使う人にとっては、目の前の視界が広がる机の方が、座っていて窮屈に感じず居心地は良い。窓は小さく、ベッドの頭側に申し訳なさそうにあるだけなので、ビューポイントをあえて部屋内に絞ったのかもしれない。抑揚に満ちた官能的な照明計画によって、<u>客室は劇場の舞台のようなアーティスティックな表情にも見える</u>[6]。照明配置どころか機器の選定から知識が必要になるので、こういう照明計画は意匠屋には難しい。専門家である照明デザイナーとコラボレーションして初めて実現できる空間なのである。

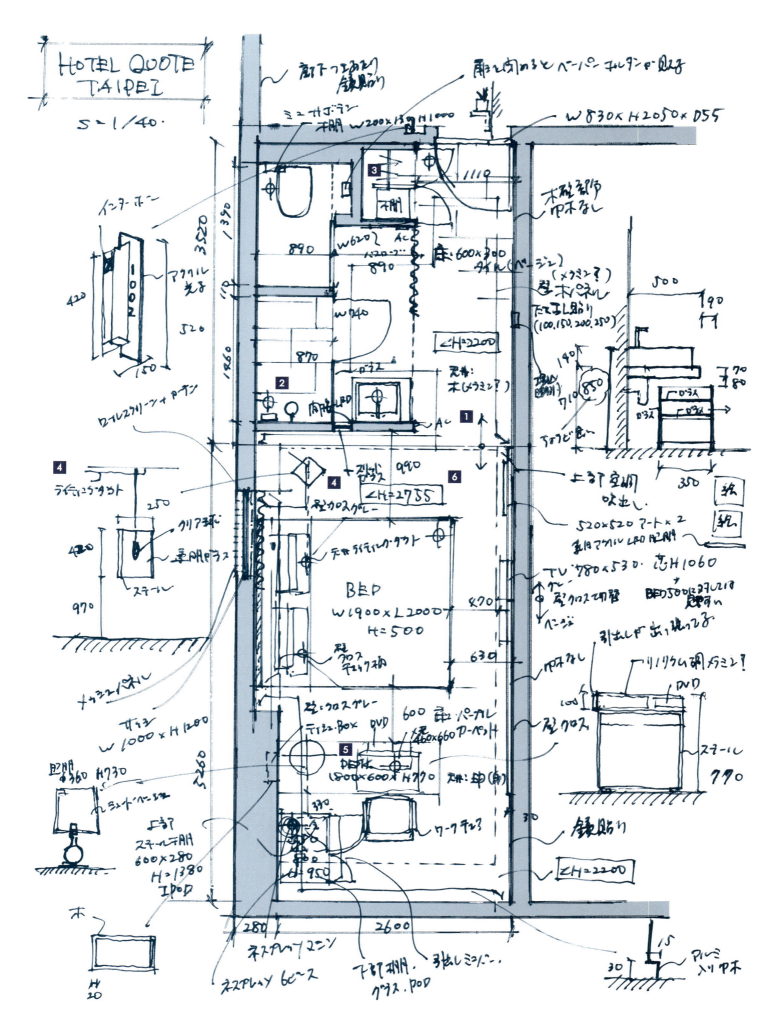

# 23

## The Puli Hotel and Spa

中国・上海

　2008年、上海から世界に衝撃を与えたホテルであることは間違いない。50㎡近い大きさの客室の大胆にも2/5を水まわりとし、それをフルオープンの扉で仕切ることでスタジオタイプにする[1,2]ことも可能にしている。部屋に入った瞬間に圧倒的な広さと贅沢な水まわりが目に入り、これから始まる至福の滞在を想像させてくれる。イチョウ模様の木製間仕切り越し[3]に部屋が垣間見えるのも憎い演出だ。ほかのラグジュアリーホテルと圧倒的に異なるのが、やはり水まわりである。真ん中にクロークとバスチェアが置かれ、それを境に両サイドにスタンド型の洗面、シャワー・トイレエリアとバスタブエリアがある。シャワーとバスタブが離れていて実際は使いづらいが、このストロークがあるからこそ、水まわりとしてのバスタブにこもっているのではなく、部屋の中でバスタブに浸かっているような何とも言えない非日常感と贅沢感があるのだ。全面サッシのカーテンウォールも効いているが、壁の両サイドには細い鏡が設置され、カウンターのガラス間接照明と景色が無限の広がりをつくる[4]。

スタンディングの洗面はFRPでオリジナルに成形されたグレー色の器に陶器がすっぽりと納まっている[5]。鏡には両サイドに間接照明があるが、これが驚くことに手動の可動式。お化粧などで顔に照明を当てたい時は持ち手をつまんでクルッと回す[6]。そうすると女優がメイクで使いそうなミラーになるのだ。ベッドルームには仕事用のデスクはなく、大きな1Pソファが2つと900×900mmのテーブル[7]。仕事をする上でもこの900mmサイズのテーブルはちょうど良い余裕が残るくらいの大きさで、ゆったりとした気分で仕事ができ、まさにVIP気分だ。天井高さが3000mmもあるのにベッド高さが500mmというのはとても珍しい[8]。ベッド空間上部の余白が不思議な余韻になって、それも広さを感じる要因になっている。ディテールもかなりこだわっていて、建具枠、天井と壁のスリットや家具と建築の納まり、空調吹き出しや排気の位置など、ホテルはやはり建築の力とインテリアの力がシンクロした空間こそが心に残るホテル空間を生むということがここで理解できた。

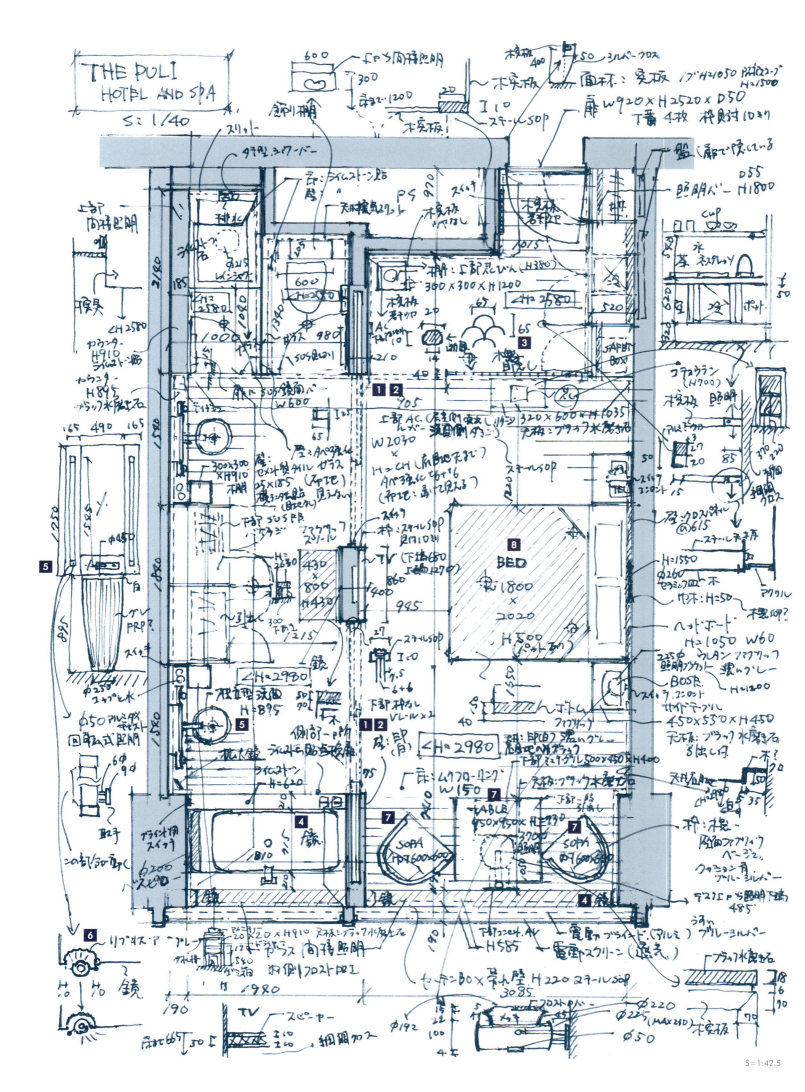

# 24

# Aman Tokyo

日本・東京

東京大手町の高層ビル開発手法の一つでもある、オフィスビルとホテルの複合建物内にある。アマンの全てにおけるアイデンティティーはこのビル型リゾートにもしっかりと反映されていた。ガーデンラウンジと呼ばれるロビーの突き抜けた大きさ、4人くらいが並んで歩けるような広い廊下、そして71㎡のスタジオタイプの部屋。スケッチを描いていて2000×2050mmのベッドが小さく見えるのはこのアマンだけだ。ケリー・ヒル氏のデザインはどことなく共通項はあるものの、ローカルのデザインをとても大事にしている。日本の木造建築を意識した障子・襖・長押[1]といったエレメントを、アマン流にオーバースケールデザインでリゾート流儀に置換している。デスク、ベッド、ソファ、バスルーム、いずれもそこで行われる全ての行為が窓の外側を意識させる。リゾート独特のレイアウト手法である。デスクと一体になったベッドの三方には畳のラグが敷かれており[2]、間の余白を上手に埋めている。ソファゾーンはベッドゾーンから2段下がった位置[3]にある。この段差がデスクやベッドから見る景色の邪魔をしない解決策であるのと同時に、部屋を立体的に広く見せている。ミニバー機能がある大きなコンソールボックスにはテレビも隠されており、電動でテレビが浮上してくるのは驚きだ。必要ではない時は隠し、あくまでも景色を優先する考え方なのだろう。窓側には大きなデイベッドソファがある[4]が、全部をデイベッドにせずに1/3を御影石ステージとして設え、そこに生花を飾っている[5]のは、憎いくらいに美しい。270mm間隔の横格子両引き扉を開けると深い硯のような洗面が置かれている[6]。日本人的には、このような深い洗面を見ると小学校の時のテラゾー製の共同洗面を思い出すが、ラグジュアリーホテルらしい2ボウルの見せ方にはむしろ厳格さがある。ソファエリア同様に、ここも洗面エリアから2段下がった部分に1050×1260mmのバスタブが設置[7]されていて、この降りていく演出は、後の至高のバスタイムを想像させてくれる。ビル型のアマンなんて想像もできなかったし、アマンたる空間が本当にできるのか不安だったが、見事にその疑問を払拭してくれた。

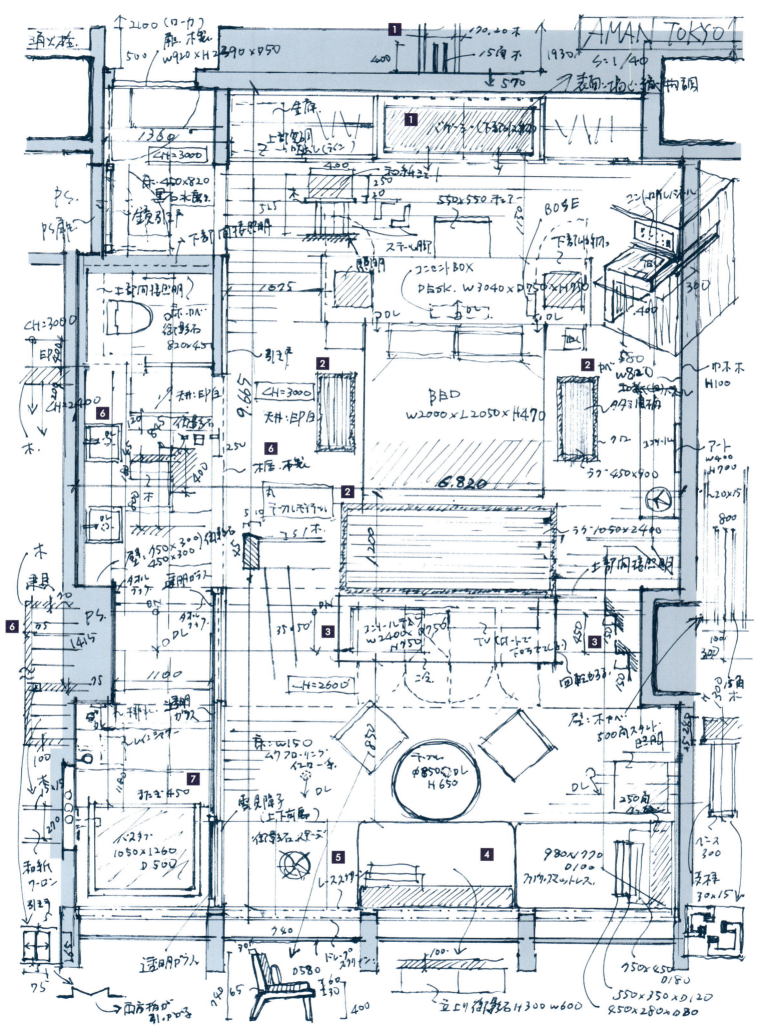

# 海外のデザインホテルに学んだ2つのこと

　日本でデザインホテルの客室を初めて設計する際、海外のデザインホテルから学んだことは大きく二点だ。一つは日常では体験できない『驚きと感動』をどれだけつくれるか、もう一つは『立地の地域性』をデザインにどう落とし込むのか。これを12㎡という極小面積を主体とし、何事も事業性から結論づけて設計することが常だった当時のホテルでどうやって実現するのか、ということが課題であった。今振り返るとニューヨークのハドソンホテルで泊まった部屋も12㎡だった。当時、ニューヨークのホテルを見歩いてクタクタになりながらハドソンホテルにチェックインして客室に入った瞬間、当時の感想を包み隠さず書くならば、『今すぐチェックアウトしたい…』であった。

　なぜなら仕事をするためのデスクもなければ、くつろぐにしてもベッド幅が小さく、シャワーを浴びようにもシャワーブースは狭い上に、浴びたあとはトイレも洗面も水浸しになる。それでもデザインは見たことがなく、フィリップ・スタルク氏のユーモアセンスたっぷりのヒップなデザインはとても面白い。とはいえデザインの面白さ以前に使い勝手と居心地の悪さが勝ってしまい、できる限りこの場所での滞在を避けようと、そのまま夜中までバーにいた記憶があるし、確かにこの部屋のスケッチも描いていない。

　しかしこれはハドソン流のホテルの過ごし方なのかもしれないと後になって気づいた。部屋は極小だが、その代わりパブリック空間はこの小さい部屋からは想像もつかないほど広い。光の入り方がエモーショナルで、大きく感動的なガラス屋根のエントランスラウンジや、独特な雰囲気のあるデザインのレストラン・バー。そこで時間を過ごし、部屋はビジネスマン仕様ではないけれども、ヒップなパブリック空間で少しだけ過ごしてあとは寝に戻るだけでいい、そんな感じだ。スモールホテルでもコンベンション機能のあるシティホテルに負けないくらいのラウンジやレストラン・バーをつくり、そこで親しい友人や知人と楽しく過ごしてもらうという発想自体がニューヨーク発デザインホテルの新しい切り口だった。

　日本では小さい客室面積が主体の宿泊特化型ホテルで、これだけ充実した共用部のあるホテルは当時まだお目にかかれなかった。だからといってハドソンの極小客室と充実したパブリック空間を突然そのまま日本に持ってきたとしても、欧米のように広場や公園のようなパブリック空間を積極的に活用する文化とに異なる日本文化には恐らく当てはまらない。客室を削ってパブリック空間を広げたとしても事業としてもうまくいかないだろうと考えた。

　そこで発想を転換し、今までの宿泊特化型ホテルの使い方も日本に馴染む一つの文化だと考えるならば、そこに海外デザインホテルで学んだことを取り入れてもっと進化させていこうという結論に至った。一つはもっと使い勝手と居心地の良い極小の部屋をつくり、そこで今までにない体験をしてもらうための新しい行為と発想を取り込むこと。もう一つは、東京の中でも街各々の地域性や独自性を新しいローカリティとして捉え、共用部から客室までをトータルにデザインすること。地域ごとに訪れる人の年齢や嗜好も全く異なるから、客層に合わせてそこにしかないものを考え直す。その二つを具体的に試みた。

　初めて企画・設計を手掛けた渋谷と赤坂のホテルを例に挙げると、渋谷では20～30代がメインターゲット層で『ミニマムポップな世界観』に振り、白を基調とした光沢のあるウレタン塗装にアーティスティックなグラフィックカーテンを組み合わせた。赤坂では30～40代がメインターゲット層で『色艶のある世界観』に振り、グレーベースを基調にガラスと木とレザーに上質で遊び心のあるグラフィック。また水まわりは壁で囲われたトイレと洗面台とバスタブのある通称3点ユニットバスが日本のホテルの常識だったが、両ホテルともに水まわりに関して新しい発想と行為の提案をした。トイレと洗面台付きの『ガラスシャワーブース』を海外で開発し、ベッドゾーンと水まわりの閉鎖的な境界壁を排除して開放的なシャワールームをつくり、かつ全室レインシャワー付きで未知の新しいシャワー体験をできるようにした。そのシャワーブース内のデザインも渋谷と赤坂では全く異なる。タイルの色や素材感もテーマに沿ったもので選定し、洗面台も渋谷はポップに成形合板、赤坂は色艶のあるステンレスだ。デスクはハドソンの体験から日本では必ず入れたいと考えて、渋谷はウレタン塗装のポップなデザインのデスク、赤坂は大人っぽく強化ガラスの自立デスク。ベッドはいずれも幅1400mmのダブルベッドサイズだ。パブリック空間もやはりデザインのみならずメインターゲット層に合わせたコンテンツから企画して、渋谷はピッツェリア＆ダイニングバー、赤坂は小劇場＆日本食＆イングリッシュパブだ。こうして同時期に設計していた二つのホテルは海外デザインホテルを参考にそれぞれ性格の異なるデザインホテルとして完成した。

　2006年の完成当時は物凄く賛否両論あったのを覚えているし、日本人独特の細かい性格ゆえに日本のビジネスホテルに慣れ親しんでいるゲストからのかなり辛辣なコメントの嵐に相当へこんだ記憶がある。もちろん自分の知識が不足していて、デザインを優先させたばかりに機能が損なわれていたのも事実であるが、それだけ見慣れないものができていたことも確か。しかしそれがデザインホテルに対する日本のマーケットの素直な反応だということも事実なのである。だから今もホテルスケッチ同様に続けていることがある。それはネット予約のお客様評価を毎日見ること。自分がつくったホテルを使った日本人ゲストがどう感じたのか、良い点も悪い点も直接フィードバックしてくれるから本当にありがたい。そのコメントを真摯に受け入れて一つ一つ地道に改良を重ねていけば、「日本でビジネスホテルが定着したようにいずれはデザインホテルが当たり前のようになっている時代が必ず来る」と信じて今までつくり続けてきた。

# EUROPE

## ヨーロッパ圏

### 本物の質感を
### コンパクトにまとめあげる実力派たち

アメリカのデザインホテルに対してヨーロッパ圏のデザインホテルは『ユーロホテル』とも言われている。アジア同様にアメリカのデザイントレンドに影響されているのは間違いないのだが、ただアジアと明らかに違うのは、デザインの「スパイス」あるいは「エッセンス」だ。ユーロホテルと言われはじめた2005年頃からその傾向は今も変わらないが、アメリカの大らかなザクっとしたデザインがあったとしたら、ユーロホテルはそこにエレガントな色使いや装飾のようなグラフィック模様、あるいはテキスタイルそのものにヨーロッパブランド品の生地にあるような本物の質感をいれてくる。中にはポップでキッチュなデザイン要素もあるが、総じてその官能的なセンスはアメリカにもアジアにもない独特のものであり、ヨーロッパの芸術的な工芸文化の血筋の良さが客室にも品格として表れているように感じる。

客室面積は20㎡から30㎡くらいが主流で、アメリカやアジアと比較しても一番小さい。意外な感じもするが答えは簡単で、ヨーロッパでは新築のデザインホテルはほとんど皆無だからだ。大半は古い建物をリノベーションかコンバージョンをしてデザインホテルに改装しているので、その既存建物の平面の大きさや構造の範囲でホテルを作らなければならないという大きな制約がある。そこは新築の考え方とは全く異なり、限られた平面に極力多くの客室を入れることから始まり、その中で事業破綻しないように調整をしていくから、コンパクトな客室が必然的に多くなる。

そこで面白いのは、アジアのデザインホテルよりも客室面積が一回り小さいのだが、水まわりはアメリカのデザインホテルと同じくらいの寸法感を確保しているということだ。これもアジア圏の冒頭で述べたものと同じで、ヨーロッパ人の体型にフィットする日々の生活における単位寸法によるものであるが、こうも言い換えられる。アメリカの水まわりのゆったり感とアジアのコンパクトな客室サイズのいいとこ取りをしているのがユーロホテルである。

ふと考えたら、車などの工業製品と共通している。とにかくゆったりでかいアメ車、全てにおいてフィットする日本などのアジア車、コンパクトだけど基本の単位寸法はしっかりしている欧州車。欧州車はコンパクトでもインテリアの質感は抜群に良い。ホテル客室も確かにそんな感じではある。

# 25

# Ace Hotel
# London Shoreditch

イギリス・ロンドン

　エースホテルの共用部には世界共通のシーンがある。ここロンドンでもラウンジにある長テーブルでは若いクリエイターたちが無言でMacBookの画面を見ながら作業に没頭している。ロンドンはややモノトーンに寄せたデザインで、ニュートラルグレーの床に黒ドットのカーペット[1]、壁は白塗装だが天井は大胆に濃いグレーの塗装、水まわりもモノトーンで統一されている[2]。部屋の奥には、間口いっぱいに奥行き700mmのゆったりソファが設置されているが、このファブリックも濃淡のあるグレートーン。だから夜間に部屋に入るとソファの存在は薄く、照明が当たっているφ990mmの木テーブル、ジーンズ生地のヘッドボード[3]やキルティング加工されたブルーのパッチワークのデュベカバー[4]が浮き立っている。でもそれがこの部屋のデザインシーンであり、だからこそ照明計画でフォーカスしているのだ。窓も濃いグレーのロールスクリーンなので、ロールスクリーンを下ろすとより顕著にベッドとデスクが浮かび上がってくる。部屋全体を明るくすることだけが、ホテルのライティングではないことをここは教えてくれる。特にデスク照明の照らし方が面白く、ユニットバスのあたりからくねくね曲がりながら天井を這っている露出配管から、狙いを定めたようにピンポイントでペンダントライト[5]が吊るされている。スケッチを描きながら気づいたのだが、このデスクの両サイドには1Pチェアが2脚あり、そのすぐ背後にはゆったりソファがある。一般的にこのレイアウトだとチェアはベッド側に背中を向けてテーブルを囲むのだが、ここではあえてチェアもソファもベッド側に正面を向けている[6]。この光景は実に不思議だが、部屋に入ってきたゲストにチェアの背面のヴォリュームを見せて圧迫感を与えないよう、エースホテルなりの第一印象にこだわったセッティングなのだろうと納得した。壁には約4mの長さのスチール棚[7]が設置され、水やリキュール、コップ、トートバック、メニュー表などのアメニティー類が寄り添うようにディスプレイされている。従来のホテルの常識をいとも簡単に覆すエースホテルだが、その創造の芯はよく考えられている。

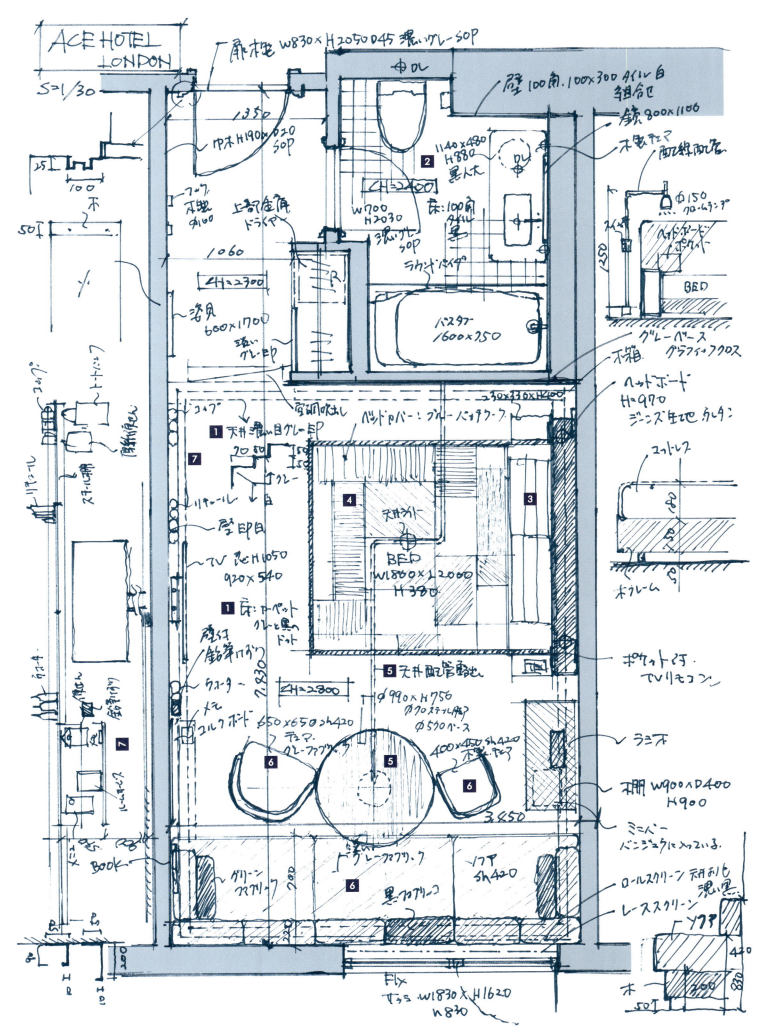

# 26

## citizenM London Bankside hotel

イギリス・ロンドン

アムステルダムに1号店をオープンさせたシチズンMは、ホテルの間取りに革命を起こしたといっても過言ではない。内寸間口2500×奥行き6500mm、日本の壁芯面積算定に置き換えると約16.5㎡。これで2000×2000mmのベッドが入っているのは驚きだ。秘密はベッドレイアウトにある。思い切って窓側にベッドを押し込み[1]、デスク[2]やソファ[3]はベッドと水まわりに挟まれたスペースにコンパクトに置く。シャワーブースはガラス張り[4]で洗面は廊下出し[3]。だから全く圧迫感はないし、客室内通路に面した洗面は通路を有効活用している。ベッドは壁際にも三方クッションが周っており、マットレスがぴったりとはまっている。シーツ交換の作業を想像すると、ルームメイキングの苦労が目に浮かぶ。ただデュベ（掛け布団）は畳んでベッドの上に枕と一緒に置いてある。少しまわりを見ながら考えると、どうやらメイキングができないからそうなっているわけではないことに気づく。なるほど、2000×2000mmというサイズは見方を変えれば方向性がなくなるのである。要するにどこに頭を向けても良い。寝る時は窓側に頭を向けるが、テレビを見る時は壁に頭を向ける。人によって使い方が異なるので、デュベはあえてメイキングする必要はないのである。自由に使って下さい！とホテル側は言っているのだ。カーテンは電動だしベッド下も収納として機能を保っているし[5]、冷蔵庫も洗面に組み込まれているので、このクラスとしては機能性も落ちていないことがわかる。一番斬新だったのはベッド横のテーブルに置かれたタブレット端末[6]でシャワーブースの照明の色を変えられる[7,8]ことだ。円形のカラーチャートを指でなぞると、なぞった色に照明の色が変わる。これもホテルが決めるのではなく、ゲストの心理状態に応じて自由に居心地の良い色を決めて下さい！とホテルから提示されているのである。テクノロジーの進化とホテルサービスのセルフ化が、このホテルのデザインコンセプトであり、それが機能とともに新しい世界観をしっかりつくっていた。

Image (No. 1, 2, 3, 4, 6, 7, 8) courtesy of citizenM

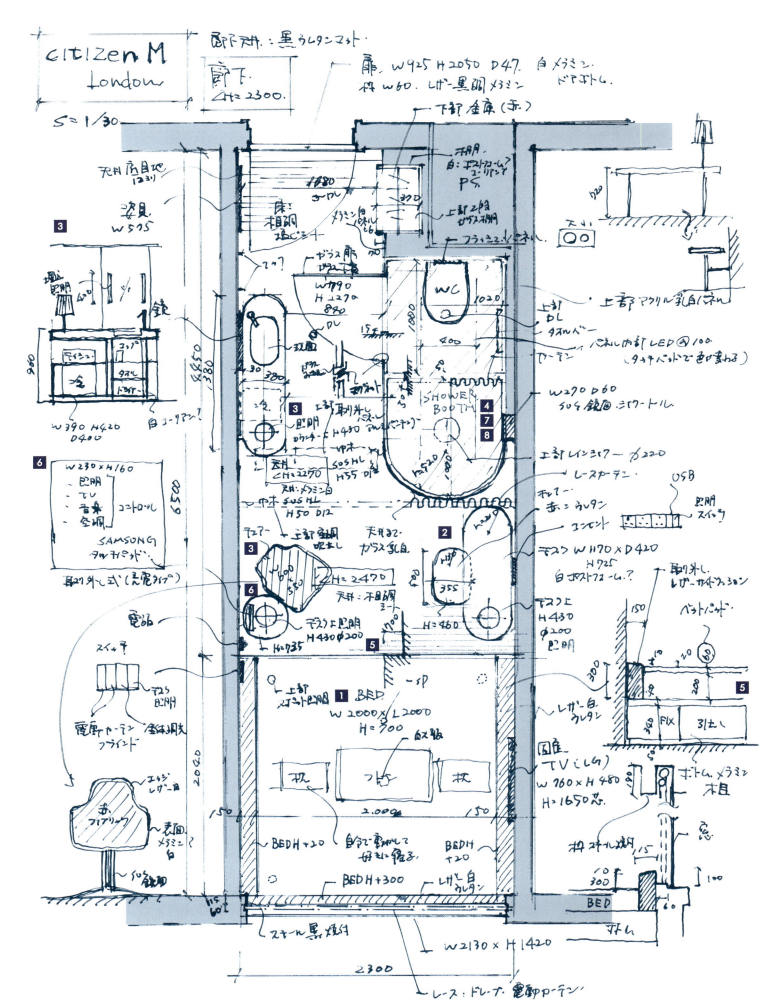

# Rosewood London

イギリス・ロンドン

　トニー・チー氏のデザインでオフィスビルから生まれ変わったホテル。門型のピロティーを抜けて中庭に誘い込まれるホテルのアプローチは、ほかのホテルとは一味も二味も違うという期待を抱かせてくれる。ロンドンらしい格式あるクラシックな建物だが中身はコンテンポラリーに仕上げられており、朱色の建具で囲われた回廊を抜けてラウンジがある演出はさすがだ。白と茶のストライプカーペット[1]が全面に敷かれた客室は、無意識に脳を刺激してくるくらいにエレガントで美しい調律である。部屋の隅に置かれたテーブルはφ1300mmという大きさ[2]で、この大きさも見たことがない。ベッドの両サイドにナイトテーブルがあるのは珍しくないが、片方は1400mmという長さ。そこには化粧鏡と照明が設置[3]されており、折りたたみチェアが置いてあるところを考えると、化粧台としての機能でもある。使いやすいかどうかは別としても、面白いアイデアだ。誰もが違和感なく快適に使えるユニバーサルルームを日本のホテルで研究・実践していることもあり、トニー・チー氏が考えるユニバーサルルームが見たくてこの部屋をリクエストしていた。結果は大正解で、水まわりには新しいアイデアが散りばめられていた。床は大理石、壁はステンレスの鏡面のようなタイルをわざと曇らせたような仕上げ[4]で、マットでありながらも虚像を映し出し、水まわりを広げる効果も出していてとてもセクシーだ。トイレとシャワーブースの仕切りは可動式のガラス[5,6]。通常利用の場合はそのまま動かさずに利用し、車椅子利用の場合はこのガラス壁を左右に可動させて、シャワー優先かトイレ優先か選択できるようになっている。日本でよく見掛ける手すりは壁に内蔵[7]されており、必要な時に壁から倒して使うようにデザインされている。洗面は下部が開放されているがデザインに全く破綻はない。そう考えると、ベッドルームにあるφ1300mmのテーブルも車椅子でそのまま使えるということなのである。車椅子利用の部屋もほかの部屋と変わらずにデザインされていてこそ、真のユニバーサルルームと言える。それを実践するデザインに脱帽した。

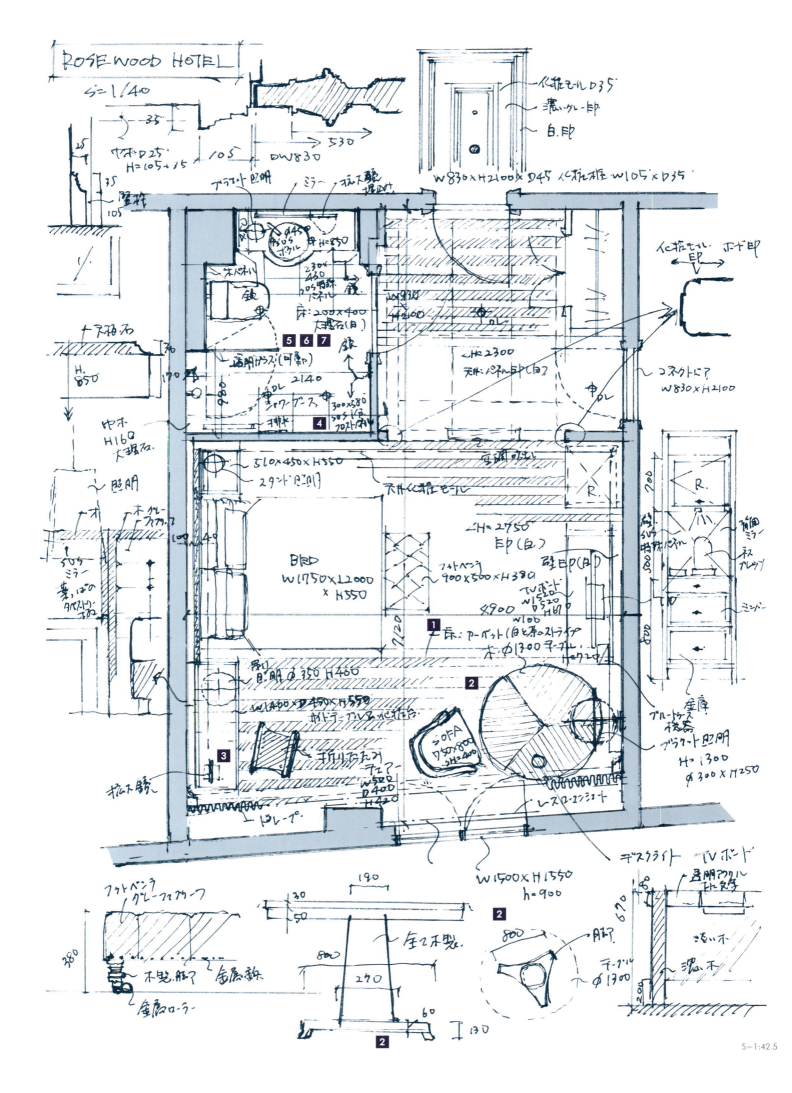

# 28

## The Ned

イギリス・ロンドン

　サイデルグループによる元銀行をコンバージョンしたホテルが、ロンドンの金融街にある。映画のワンシーンで目にしたような一昔前の銀行のエントランスを入ると、そこは巨大なダイニング＆バーになっており、中心にはJAZZライブのステージが常設され、それを中心に3カ所のバーがあって、スケールに圧倒される。地下には金庫がそのまま残され、内部がバーラウンジになっているのはここでしか見ることができない。客室はNYのNoMadホテルと近いコンテンポラリー＆クラシックデザインだが、こちらはよりロンドン流儀に沿ったジェントルマン気質なカッチリとした印象を受ける。古材オークの200mmの幅広フローリングとブルーグレーの壁、そこに高さ260mmの化粧巾木に加えて壁の中間と天井際に2段の化粧モール[1]、ここまでやりきってこそ得られる世界観と空気感だ。そこに置かれる家具もまた振り切っている。ベッドは化粧木フレームでデザインされた台座にすっぽりとはまっている。足元に置かれているクラシックフォルムなフットベンチ[2]と合わせて見ると、その重厚さは半端ではない。カーテンやレースもかなり独特[3]で、色使いといい柄といい、このブルーグレーの空間に合わせるセンスと勇気に敬意を表したい。ベッドまわりに大きなラグが敷かれているが、ソファとの位置関係が妙な感じがする。線をキッチリ通したい日本人建築設計者としては「ここで切る？」みたいな感覚はあるが、インテリアにそんなルールは関係ないということを改めて痛感させられる。ベッド横のナイトテーブルもクラシックなデザイン[4]で徹底しており、天井にも化粧フランジが素敵なシャンデリア[5]、どれを取って見ても世界観を崩していないのは見事。シャワールームにはちょっとしたサプライズで10本のシャンプー・リンス・ボディーソープ[6]がパッケージの異なるデザインで置かれている。グラフィックだけでも気分が高まるが、さらに選ぶ楽しみもついてくる。洗面室前には通路部分に化粧台とクラシックな木製チェア[7]。そういえば、部屋に入った時のデザインオブジェクトになっていたことに今さら気づいた。

# 29

## Nobu Hotel London Shoreditch

イギリス・ロンドン

---

　Nobuといえば、ロンドンでは有名なセレブ御用達の高級和食レストラン。そんなNobuがホテルをつくったのだ。和食ブランドなだけにデザインもどこか日本的であるが、日本人からしてみるとどことなくDNAが違う。日本では東京オリンピックを迎え、新しい日本らしさを皆が探求しているが、ここNobuホテルには日本でデザインしている者には気づかない日本の美があった。谷崎潤一郎氏の「陰翳礼讃」に表現されるような陰影の使い方が素晴らしく、廊下の黒い壁一つとっても、艶消しと艶ありに光をあてて、その陰影効果で空気感をつくっている。客室には大きな窓[1]があるが、その手前にはレースの代わりに22mmの白木が32mm間隔で縦に美しく組まれている格子の大型引き戸[2]がある。この計算されたような隙間から入る光が心地良い明かりとなって照らしてくれる。格子引き戸の横にはドレープカーテン代わりの襖[3]があり、箔が描かれたような和紙を使ってグラフィカルに表現されているが、ここにもうっすらと光があたるところは日本家屋の日中の照度感に共通するものを感じる。テレビやミニバーも幾何学パターンでデザインされた金箔風塗装の扉[4,5]で全て隠されており、ここにも日本の美学を感じる。デスクはないが、ブロンズの網状に織り込まれたヘッドボードから続くようにベッドサイドには大きなソファが設置され、φ700mmのテーブルと木のアームチェアがある。シャワールームのオレンジ色の明かりが型板ガラスの縦スリットから怪しく漏れてくる[6]。水まわりの壁は18mmの黒木が28mm間隔でデザインされ、白木の引き戸と共通化したデザインを繰り返し用いている。水まわり内部は客室と反転した白で統一された空間にゴールドの洗面器と回転する化粧鏡[7]が目を引く。間接照明効果も上手に活用し、そこには備品やタオル類が美しくセッティングされている。地下には外観からは想像できない巨大なダイニング、エントランスにはバーラウンジもあるが、その空間やそこに置かれている家具などからは、日本的なフォルムや間仕切りの考え方と英国デザインが化学反応した新しい日本のデザインを感じた。

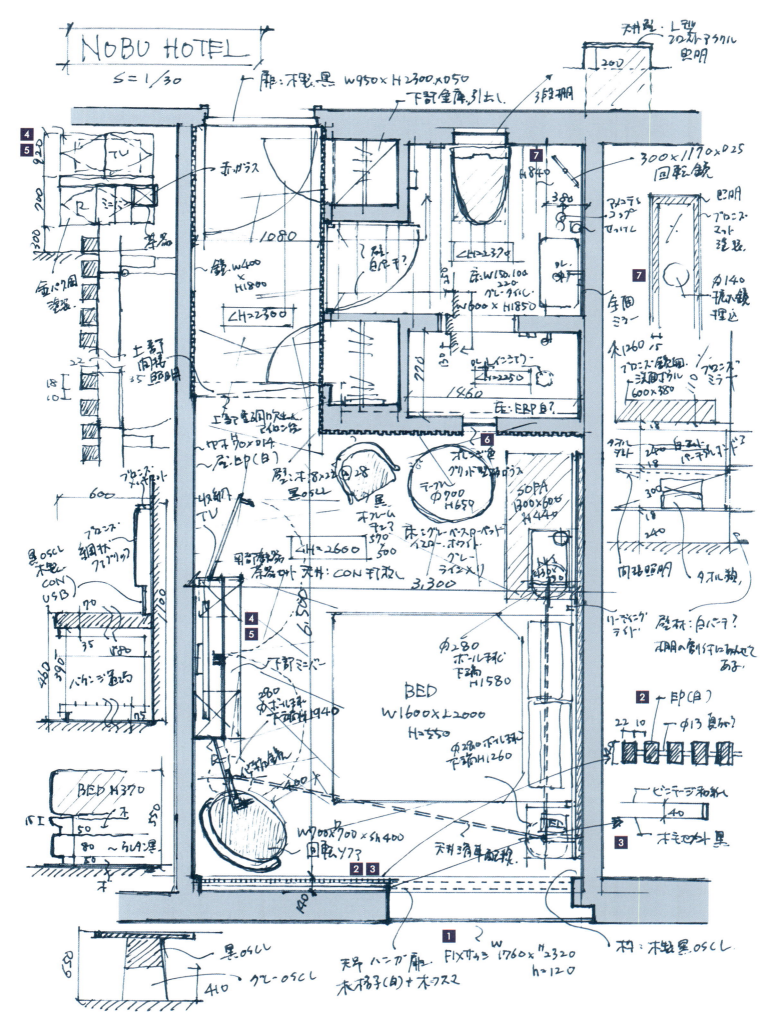

# 30

## The Hoxton, Holborn

イギリス・ロンドン

　カジュアルデザインで一躍有名になったホクストンは、アメリカでいうとエースホテルに近い立ち位置かもしれない。エースホテル同様に、エントランスラウンジでは、宿泊客ではない外来ゲストがコーヒーを飲みながらノートパソコンを開いて作業している風景で迎えられる。こちらのホルボーンはロンドンでは 2 号店にあたるが、基本的なデザインテイストは大きく変わらない。客室内通路がないスタジオタイプの部屋に入ると、いきなりキングサイズのベッドが正面にある。高さは 600mm で、木製のベッドボトムでつくられた下部構造には木製のベッド下収納が設置[1]されている。ロンドンで最近流行しているのか、床は幅 180mm のヴィンテージオークを使っている[2]。この客室のデザインの目玉は、壁に掛けられた φ1500mm の大きな鏡[3]だ。それが縁に沿って間接照明でさらに大きな存在として強調されている。鏡の前にはヴィンテージレザーを使った 800×800mm の大きなソファ[4]が斜め置きに鎮座し、鏡に映し出されるその大きなサイズはより増幅され、虚像が空間に大きな動きをつくっている。これだけだと、少し男っぽいカジュアルヴィンテージで終わってしまうのだが、ここは 1 面の壁のみキャラクターのような絵の描かれている壁紙[5]が貼られている。これだけで男っぽい世界が急に可愛らしいカジュアルヴィンテージ空間に変わるのは面白い。その壁に、テレビボードとデスク、ミニバーが一体になった家具が設置されているが、デスクは可倒式[6]、冷蔵庫は後ろの壁に上手に奥まっているため、出幅が少なく済んでいる。上段の本のディスプレイが余計にそう思わせるのだが、冷蔵庫棚なのに存在感は本棚のような薄さだ。この部屋の水まわりはユニバーサル仕様だったが、白と黒の磁器質タイルによる組み合わせデザインの壁[7]は日本のユニバーサルユニットバスに見慣れているととても考えられない空間で、これなら確かにどんな人でもこのデザインを楽しめる。これを目の当たりにすると、日本のユニバーサルルームの水まわりのデザインは、根本的に考え方を変える必要があるのではないかと感じる。

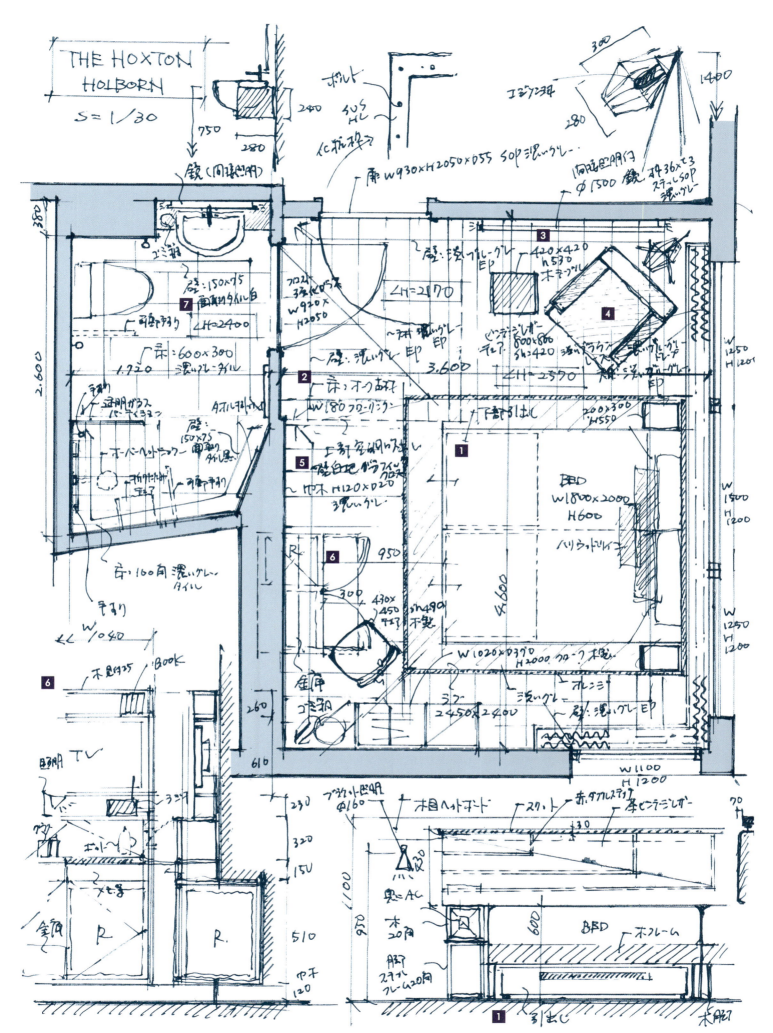

# 31 Room Mate Giulia

イタリア・ミラノ

スペインの女性デザイナー、パトリシア・ウルキオラ氏による「キュートかっこいい」デザイン。エントランスホールからウルキオラワールドが始まっていて、今までの作品にもない新しい世界観に挑戦している。目立ってほかのホテルと異なるのはファッショナブルな色使いやテキスタイルに至るまでのデザインにこだわっていること。素材感だけではなく、そこに描かれている細かい描写も含めてデザインしているのが特徴だ。部屋に入るとまず優しさ溢れる色使いに感激する。パステルカラーほど明度は高くないが、もっとしっとりとした淡いグリーンをベースに、壁や家具まで様々な色合いを使っている[1]。これだけの色を使っているのにインテリアが破綻しないのは見事としか言いようがない。壁のボードは化粧枠が設置[2]されていて、日本的な襖のようにも見える。その上部の壁と天井にはグラフィッククロスが貼られているが、15×5mmのゴールド色のラインが100mm間隔でグリッドドット柄のように描かれている[3]。これは初体験だ。イケてる方眼紙にも見えるそのデザインは部屋全体がステーショナリーに包まれたような柔らかさを感じさせてくれる。クロークやミニバー、デスクも、木製やスチール材で制作されたものはたくさん見てきたが、ここはスチールラックの部材を活用している。色はややゴールド、構造アングルの骨組みが露出[4]したまま組まれている。扉もなく壁の柄が反転しているかのようなグレーベースに白グリッドドット柄のカーテンで覆われていて、その触り心地や厚み感がまた手に馴染むのがいい。ヘッドボードも壁の長押からウレタンクッションや真鍮削り出しのナイトランプ[5]が吊るされたデザインだ。水まわりは鮮やかなピンクベージュのタイルでガラッと雰囲気を変えている[6]。鏡などもヘッドボード同様に全て壁から吊るすデザインだが、大胆に色を青くしたコップ置きまでもが陶器で壁にブラケットで設置されている。図面描きを職業としている身ながら、ここは久しぶりに驚きの連続であった。僕がいくら女子力を磨いたとしても、この感性は表現できない。

Image courtesy of Room Mate Giulia

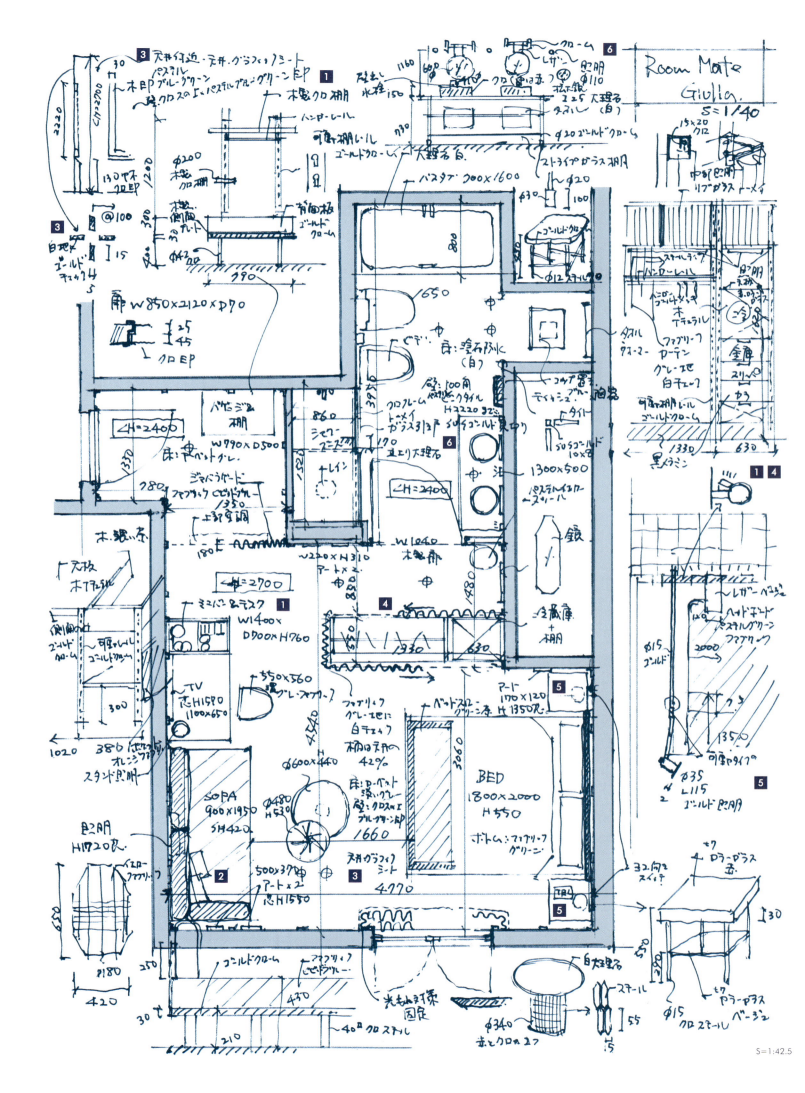

# 32

## Hotel VIU Milan

イタリア・ミラノ

最近ミラノには新しいカテゴリーにチャレンジしているホテルがたくさんできてきた。このVIU Milanもその一つで、ビジネスユースなのかレジャーユースなのか意図はわからないが、どちらにも当てはまるデザインと機能性だ。かつてはビジネスユースだと共用部で寛いで食べたり飲んだりするスペースはなかったのだが、ここには屋上にプールやテラスダイニングがあり、平日の昼間でも皆思い思いに過ごしている。客室の大きさは28㎡で30㎡の大台に乗っていないのがミソ。アッパービジネス予備軍が好んで選べるちょうどいいゾーンである。デザインはまさにイタリアミラノの感性だ。淡いウォームグレーの壁にグレーブラウンベージュのフローリング[1]、そこにチョコレートブラウンの家具[2]や水まわりの黒や濃いグレー系[3]でビシッと引き締めている。カッシーナやB&B Italiaのようなラグジュアリー家具のショールームの雰囲気を漂わせている。設えはZENスタイルを思わせるミニマルさも若干垣間見えるが、あらゆる素材の見え方を徹底的に検証して完璧に組み合わせているので、ほかにはないクレバーな気品さえ感じる。だがよく観察すると本物は使っていない。革も合皮だし、天板もメラミン化粧板だ。それでもこの質感が出せるデザイナーのセンスと技量には脱帽する。ヘッドボードには糸のステッチがグラフィカルにデザイン[4]されており、メルセデスのスリーポインテッド・スターのような柄が光の陰影をつくり、やや硬質な部屋に柔らかいアクセントを映し出している。窓際には長さ約3mのファブリックソファ[5]が窓面いっぱいに設置されていて、400mm角のコーヒーテーブルがそのソファの大きさをより強調しているが、この振り切ったサイズのソファアイテムがこの空間の過ごし方を無言で提案している。ヘビービジネスユーザーだとこれしかないと実際は辛いが、ここにはさらに3m近い長さのデスク[6]がある。3mのデスクとソファ、優劣のない大きさのアイテムをお好みで使い分けられるところがいい。28㎡だからこそなせる業で、日本にもこういう客室をもっと増やしたい。

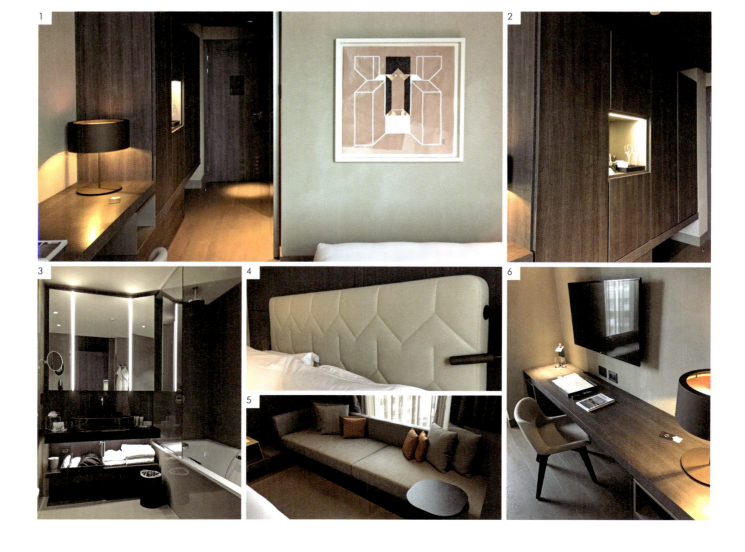

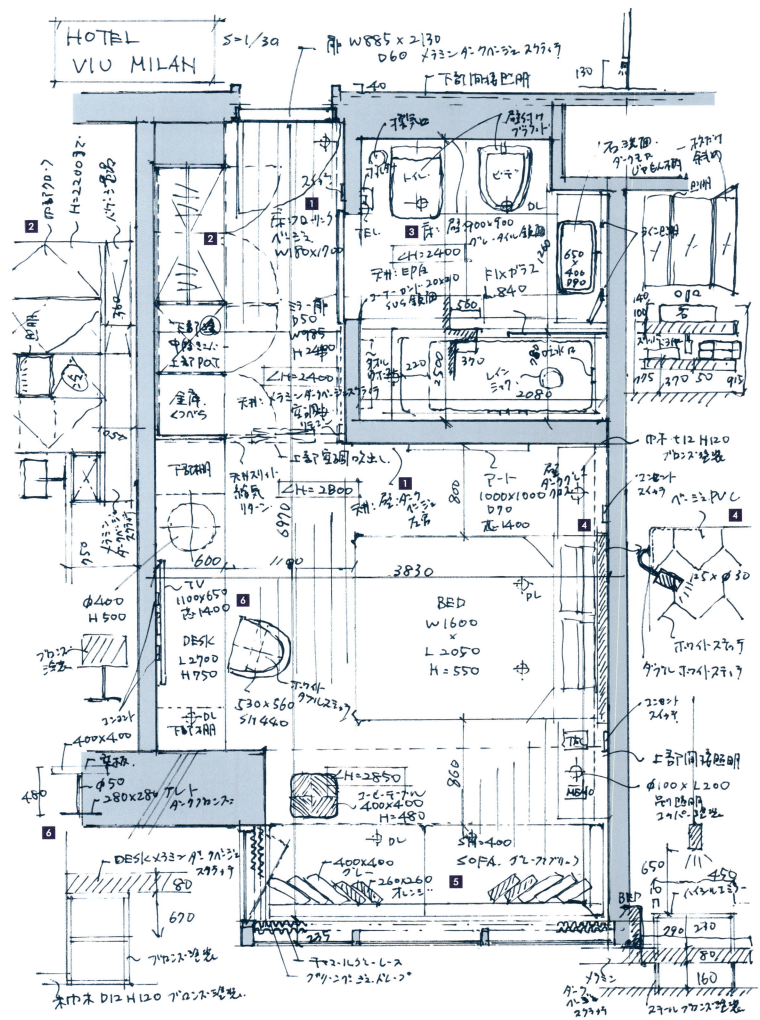

# Bvlgari Hotel Milano

イタリア・ミラノ

アントニオ・チッテリオ氏によるラグジュアリーホテル。もうかれこれ10年、ずっと想い続けた場所にようやく泊まることができた。10年経過しても、古臭さは微塵も感じず、むしろまだ世界のホテルデザインのトップを走っているようにさえ感じる佇まいだ。ナチュラルな材料と要所要所に配された黒色が織りなす空間[1]はチッテリオワールドの醍醐味である。「さすが！ わかってるなぁ！」と思ったのは、横長の廊下をホワイエに見立てたプランと、ベッドルームに入る両開きの扉[2]。幅900mmだと通常の開き戸か、日本人的な感覚なら引き戸でもよいはず。あえて幅450mmの両開きで両手を使って開けさせるところが、ワクワク感とゴージャス感をより一層演出している。水まわりは部屋の1/3を使ったゆったりとしたつくり。洗面とシャワー、バス空間は各々十分な長さを確保し、ストロークを使った広さを演出[3]している。トイレはどちら側からでもアクセスできるようにすることで、動線の回遊性を持たせているのは面白い。一番驚いたのがバスルームに入る扉の前に斜めに置かれたソファ[4]。普通ここには置かないし、扉との離隔寸法が450mmってさすがにアウトではないか？と思うのだ。しかしこれが不思議とソファのフォルムと背景の建具のデザインと向きが合っているからなのだろうか、なぜかシックリきているし、支障なく通ることができる。建具はステンレスメッシュが挟み込まれた合わせガラス[5]を使っており、ラグジュアリーブランドのホテルらしい差別化された高級感を演出している。床は幅160mm、200mmのフローリングのランダム張りで、壁の木板も幅120mm、150mm、200mmと使い分けて、空間が均質で単調にならないように変化をつけている。客室扉の厚みにも注目[6]。厚さ130mm！ 僕の知る限り、過去最高厚だ。これが内開きになる[7]のだからとてつもないディテールである。ラグジュアリーホテルのスタンダードである50㎡クラスよりもやや小さい40㎡程度の大きさだが、ここには紛れもなく本物のラグジュアリーが存在していた。

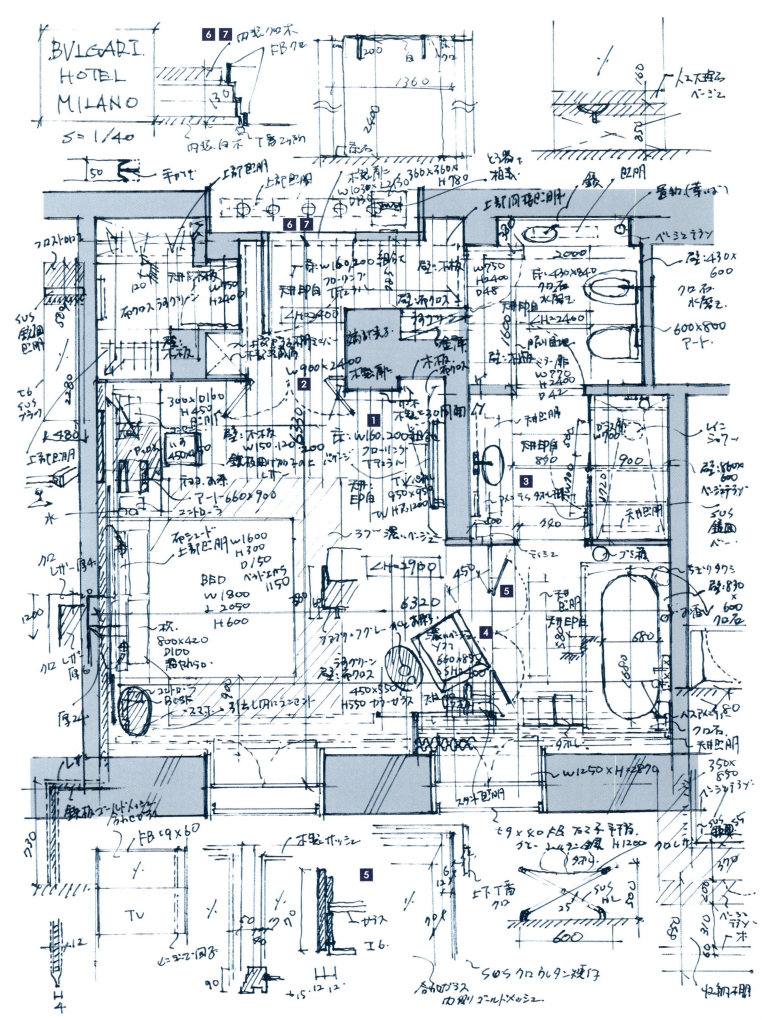

# 34

## Conservatorium Hotel Amsterdam

オランダ・アムステルダム

　一度は訪れてみたかったピエロ・リッソーニ氏のデザインによるホテル。音楽学校をコンバージョンし、100年前の建物と新しい建築が絶妙に融合された。その狭間に生まれた大きなアトリウムラウンジはこのホテルでしか体感できない贅沢で突き抜けた空間だ。客室は珍しいメゾネットタイプで下階が水まわりとソファ空間[1]、吹き抜けを介した上階がベッドルームという構成になっている。メゾネットはほかのホテルでもいくつか体感してきたが、1フロア約24㎡でその1/3が吹き抜け空間になっているスケルトンは前例がなく、想像していたよりも抜け感があって面積以上に広く感じた。ソファ空間とベッドルームにはミラーテレビが黒いガラス腰壁のように[2]シンボリックなアイコンとして設置されている。壁はベージュ色の左官材と幾何学グリッドに間接照明が組み合わされたデザインウォール[3]で、吹き抜けを挟んで下階と上階の縦の広がりを同じデザインパターンが強調している。この手のメゾネットでは上階のベッドルームの天井高さは2000mmを切るか、ロフト的に扱うホテルが多い中、ここは高さ2180mm確保しつつ吹き抜けに面しているので、それほど窮屈に感じない。壁の間接照明以外に、ベッドルームには天井から吊るされた2本のパイプ照明[4]、バゲージ置き場やミニバーの背面の光パネル[5]などが、部屋の空間と一体的に構成しながら、所々にアクセントとして挿入されている。それが適度な明るさと面積で空間の印象を効果的に高めている。洗面所はラフなライムストーンとカラーガラスで統一された硬質でコンパクトな空間だが、洗面カウンターやアメニティーの置き方、むき出しの照明や小型ミラーテレビ[6]など、小さい空間だからこそ驚きのある仕掛けを丁寧につくっている。シャワールームは840×915mmとこちらも非常にコンパクトなサイズだが、ほかのホテルのシャワールームと違って気が利いているのは、洗い場とは別に奥行き480mmのベンチが設置されている[7]ことだ。ベンチに腰掛けて浴びるレインシャワーほど気持ち良いものはない。さすが、ゲストの気持ちをわかっている。

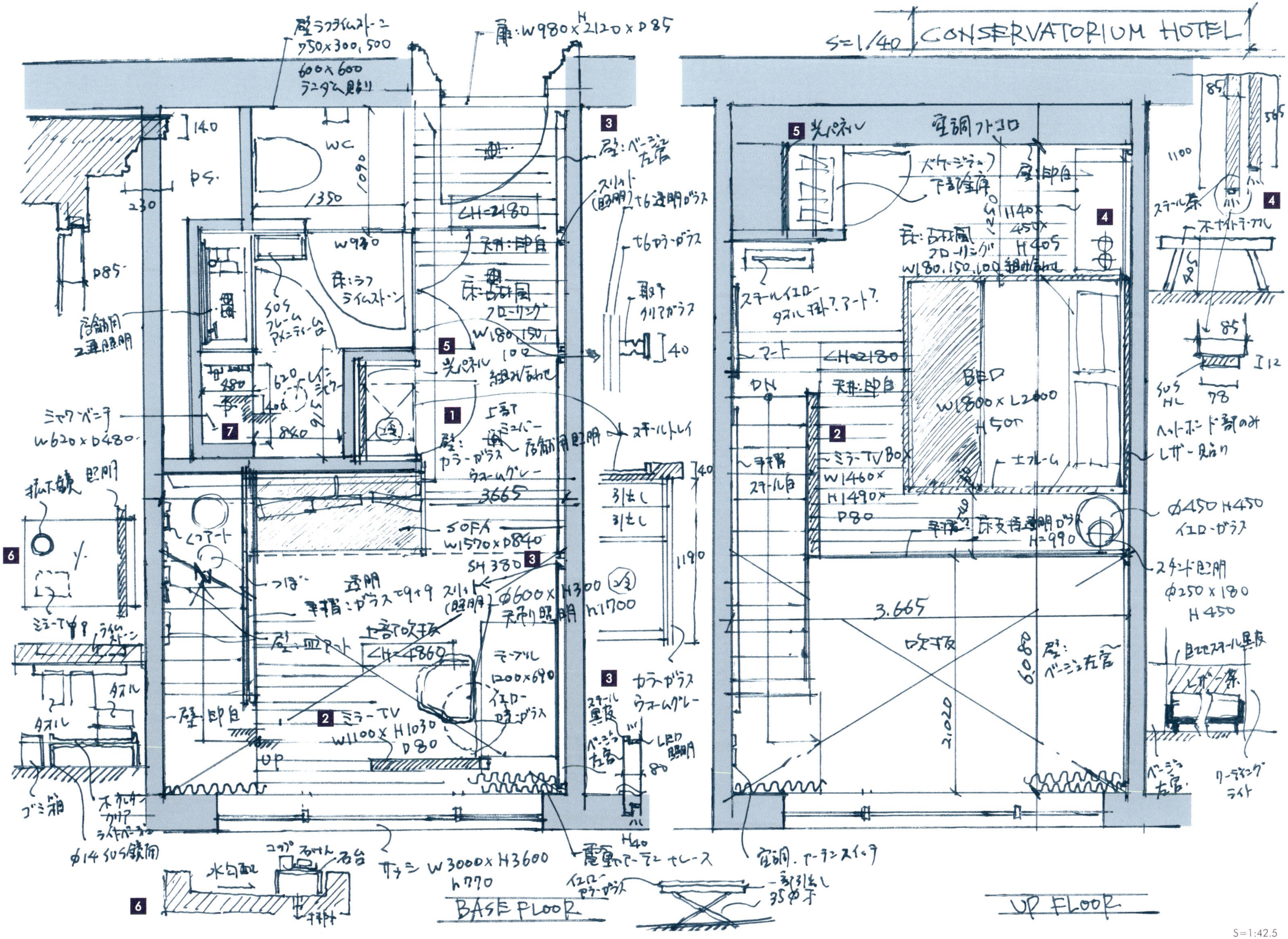
S=1/40
CONSERVATORIUM HOTEL
BASE FLOOR
UP FLOOR
扉：W980×2120×D85
WC
P.S.
SOFA
W1570×D840
BED
W1800×L2000
ミラーTV
W1100×H1030
D80
ミラーTV BOX
W1460×
H1490×
D80
サッシ W3000×H3600
空調ガラリ
光パネル
吹抜
3665
3.665
DN
UP
φ450 H450
イエローガラス
スタンド照明
φ250×180
H450
テーブル
1200×690
ミニバー
スチールトレイ
ステール
LED照明
カラーガラス
ウォームグレー
φ14 SUS鏡面
ゴミ箱
タオル

S=1:42.5

# 35

## Sir Adam

オランダ・アムステルダム

アムステルダム中央駅北側に位置する、アイ湾対岸のアムステルダムノールトというクリエイティブな地区にこのホテルはある。最上階の展望テラスには建物から飛び出すように動くスリリングな空中ブランコをつくってしまうくらい、このホテルは何か弾けている。ホテルのテーマはロックスターの家だ。2層吹抜のエントランスにはゲームマシンのある巨大なバーラウンジ、ロックな音楽と映像が大画面で流れていてロック人生をそのまま形にしたような賑やかな雰囲気である。ハードロックホテルなどもそうだが、大体共用部が激しくても部屋は少しおとなしめなのがセオリーだが、ここは違う。部屋もロック極まりないのだ。部屋に入ると突如ワイヤーメッシュのクローク[1]が目の前に現れ、床・壁・天井はラフなコンクリート打放し[2]、ヘッドボード背面は杉本実型枠コンクリート打放しで空間はスーパーストイック。ビンテージレザーのソファやブラックガラスのデスクも、柱間に固定されているφ34mmステンレスゴールドメッキのバーに乗るように現場製作されている[3]。ヘッドボードにはロックアルバムをコラージュした2100×2280mmの巨大アート[4]、壁には実際に弾けるエレキギター、レコードプレイヤーにLPレコード数枚[5]が設置され、天井のスチールアート照明[6]と木製ベッドと合わせて、破天荒な世界観をつくっている。トイレ・シャワーが窓に面しているのだが、窓にロールスクリーンがない。あるのは中間に浮かんだフロストガラスの目隠しのみ[7]。何てロックなんだ…。近くに高い建物がないとはいえ、さすがに気になり暗闇の中でシャワーを浴びることにした。するとアムステルダム中央駅やEYEフィルムミュージアムの美しいライトアップが浮かび上がってシャワールームからの景色になる。まさかこれを狙ったのか！？と肯定的に考えはじめる。まんまとこのホテルの術中にハマってしまったということか。郷に入れば郷に従えだろう、滞在中はロックに過ごすか……と、部屋にあったマイケル・ジャクソンのスリラーを久々に大音量で聴きながら、ホテルで初めてロックな居心地感を体験した。

Image (No. 2, 5) by Ste-e Herud, courtesy of Sir Adam

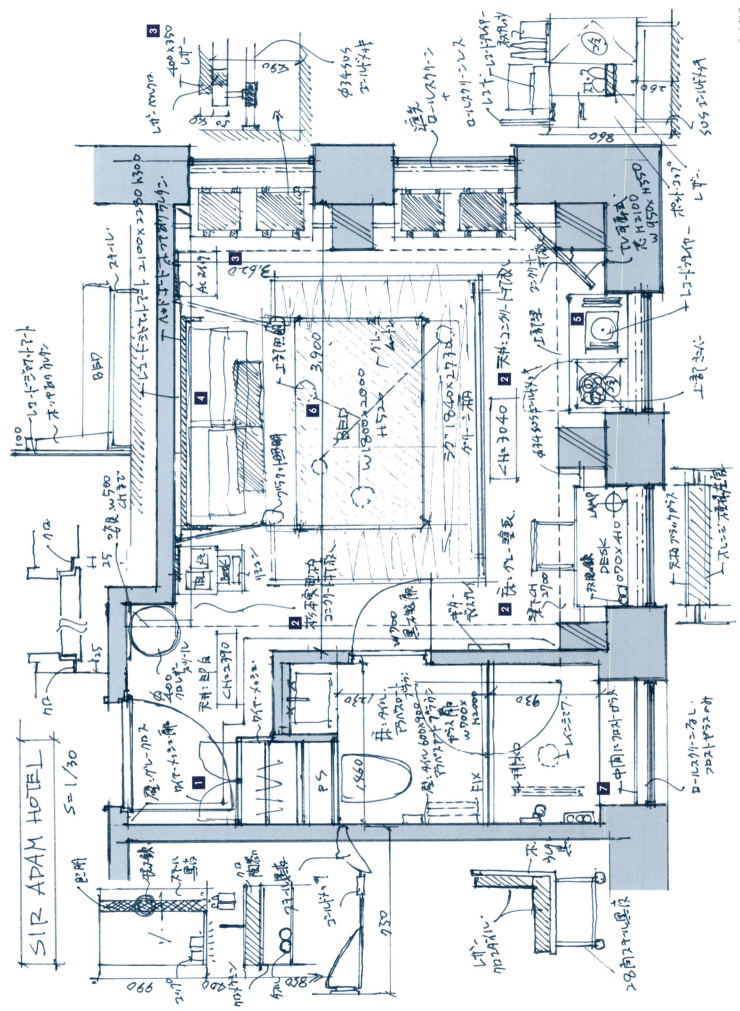

# 36

## B2 Boutique Hotel + Spa

スイス・チューリッヒ

チューリッヒにある元地ビール工場をコンバージョンしたホテルである。ほかのホテルとの圧倒的な違いは街を一望できる屋上のインフィニティースパと地下の蔵スパで、これだけでも行く価値は十分にある。客室内は元工場とは思えないくらいにフォーマルだ。幅215mm、245mm、275mm、335mmという4種類の幅のフローリング[1]を床にランダムに貼っており、均一なフローリングが貼られている客室と比較すると部屋には不思議なリズムが生まれ、アパートメントのような均質感はなく適度な柔らかさをつくっている。ベッドまわりにはトム・ディクソン氏のデザインによる異なる大きさの照明[2]がナイトランプとソファの読書灯代わりに天井から吊るされている。枠のない大きなガラスシャワールーム[3]の透明感は半端ではなく、高透過ガラスに思えるくらいの透明感が印象的だ。水まわりが客室空間の中で主役になっているかのように強烈に存在している。扉は一切なく、外側のカーテンと内側のシャワーカーテンがそれぞれプライバシーと水はね防止の機能を担っている。洗面台がはみ出してシャワーエリアに干渉しているが、S字を描くシャワーカーテン[4]が洗面スペースとの共存を生み出していてGood。洗面台もその共存スペースをうまく活用してギリギリいっぱいまで使い、タオルが掛けられる程度の奥行きのある棚[5]を設けている。木パネルの塊部分にはクロークとトイレが隠されており[6]、扉も枠がなく壁一体で見せているところはデザイナーのこだわりを感じるディテールだ。ここの姿見はちょっと面白いデザインなので紹介しておく。幅540mmの鏡の隣に幅120mmのゴールドメッキメッシュで表面を覆われた照明器具[7]が設置されており、身支度で服装チェックする際は自分がその照明に照らされる。機能的かつ面白い見え方のデザインであった。デスクにはビール瓶が置かれ、丸められたルームサービスのメニューが無造作に押し込められている[8]。元ビール工場の歴史を物語るユニークなディスプレイで、こういうちょっとした気の利かせ方が、デザイン以上に大事だったりするのだ。

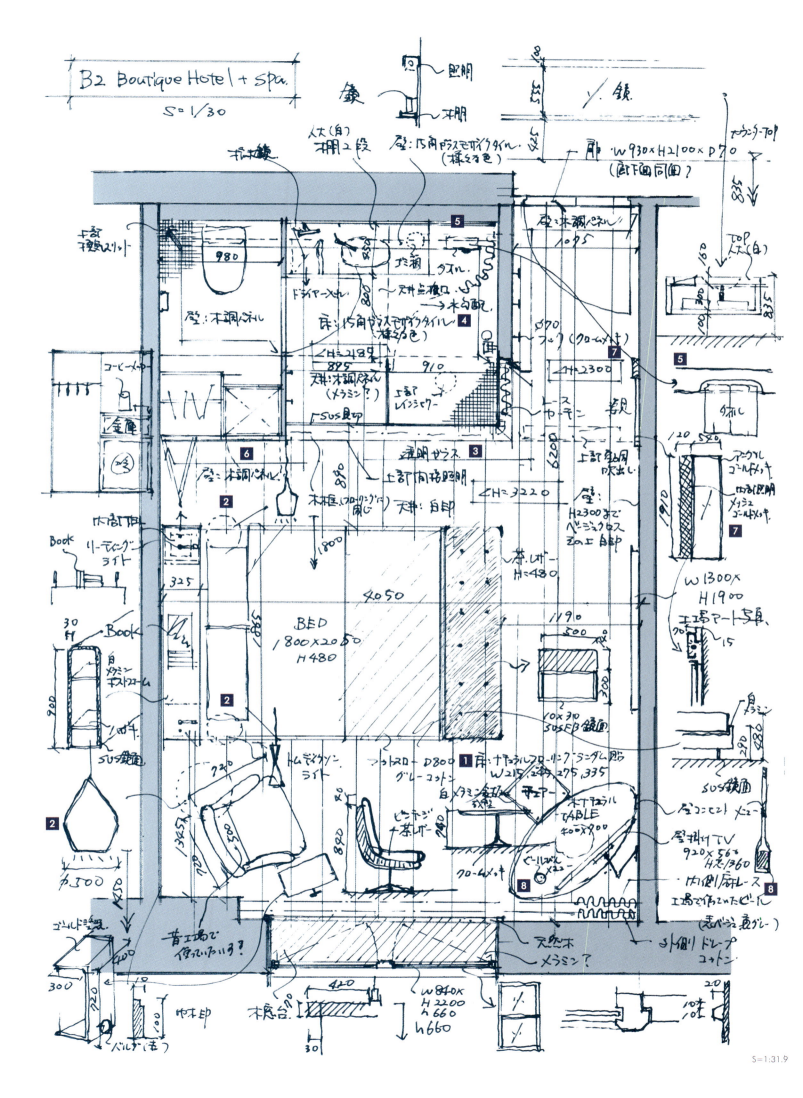

# Casa Camper Berlin

ドイツ・ベルリン

靴ブランドでお馴染みのカンペール。今でこそ異業種ブランドがホテル業界に参入することは珍しくないが、カンペールはいち早くそのトレンドを先取りしてベルリンでオープンさせていた。カジュアルシューズブランドのイメージ通り、ホテルのデザインもサービスもカジュアルだ。ホテルはこうでなくてはならないという慣習や定義は、もはやこのホテルでは感じられない。壁と天井が真紅色に染められ、壁には大きなベルリンの地図[1]が掛けられ、ベルリンの街の全体像や明日のスケジュールなどが確認できる。旅行本やネットで確認するのとはやはり迫力が違い、テンションが上がる。長手の壁には日本で言うところの長押が設置[2]され、おしゃれにデザインされたドントディスターブカードやクリーニング袋が引っ掛けられてディスプレイされている。家にあるようなフロスのメーデー照明までもが吊るされ、木製のホームユースのようなソファとテーブル[3]を見ると、ここは非日常の世界ではなく日常の延長でデザインされているのがわかる。窓側の洗面空間はほかにはないつくりで、L型の大きな洗面化粧台[4]が窓側の一番良い空間の大半を占めていて、ベッドルームとはカーテンで仕切られている[5]。洗面カウンターは石や木ではなく人工大理石。飾ることなくシンプルで一部がデスクにもなっている。小さいハイチェアが置かれ、仕事も化粧もできるマルチユースな設え。ただ、そこにはクロークや金庫もあるが冷蔵庫がない。確かにそう考えるとミニバー機能のない空の冷蔵庫を使っている人は一体どのくらいいるのだろう？と疑問を感じるきっかけにはなった。窓のカーテン[6]には部屋番号の数字がグラフィカルに描写されていて、間接照明との組み合わせによってホテルの外観からはサッシ越しに部屋番号が見える仕組み[7]になっている。カンペールが考えるホテルとは、ブランドを体現することでもなく、また豪華絢爛でも至れり尽くせりのスタイルでもなく、ホテル名であるcasa（＝住居）のように肩肘張らずに過ごしてほしいというゲストへのメッセージなのかもしれない。

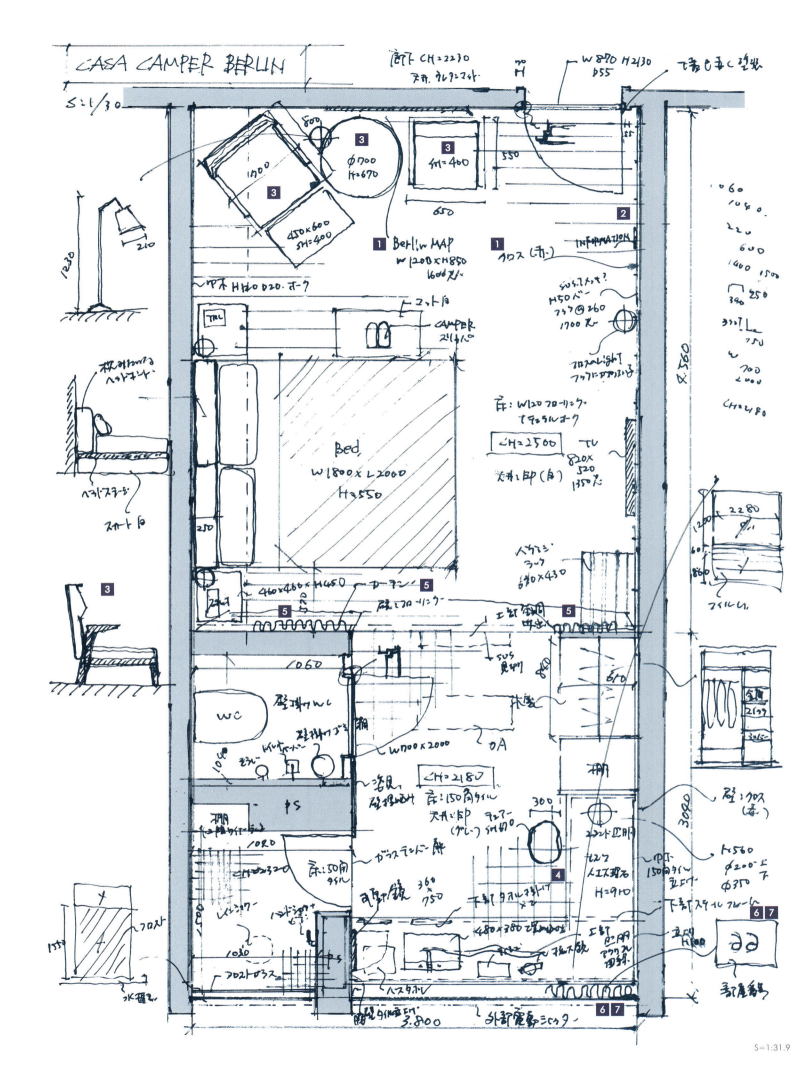

# 38

## W Paris - Opéra

フランス・パリ

---

パリのオペラ座を真正面に見るように佇んでいるクラシカルな建物がWホテルだ。ほかのWホテル同様にここもご当地要素を取り入れたオンリーワンのデザインである。パリに限らずヨーロッパの古い建物は圧倒的な階高があるのがやはり強みで、ここも例外ではなく客室の天井高さは3320mmあり、それだけでもテンションは上がる。ヨーロッパの伝統的なデザインといえば化粧モールを真っ先に思い出すが、ここはその化粧モールを壁や家具のデザインでモチーフに使っていて、所々意図的に途切れたような表現がほかにはないデザインだ[1]。そのほかにも床は淡いグレーと白のヘリンボーン柄カーペット[2]、鮮やかなオレンジ色のレースカーテンにパッチワークのカラフルな生地が張られた椅子[3]、天井のシャンデリアは黒いワイヤーフレームでデザイン[4]され、客室のあらゆるものがアーティスティックにつくり込まれている。グラフィックにも気を遣っており、ベッドのクッションはパリの歴史上の人物をモチーフにプリントされ、壁とデュベカバーにはエミリー・フォーゴット氏の独特なグラフィックアートが施されている[5]。大小様々な形の長方形が立体的に組み合わされた壁面の棚[6]にテレビが組み込まれていたり、扉を開くとバゲージ台になったり、あるいはディスプレイ棚やスピーカー台であったり、様々な機能が一つのパネルの中に納まっている。水まわりは壁で仕切られることなくオープンにデザインされているから、洗面は黒の人工大理石天板と白い鏡面塗装の側板で家具のように見せている。また水まわり空間の床壁面全体は600×300mmの黒砂岩をベースに、洗面周りには黒いカラーアルミにφ5〜15mmの無数のLED照明がランダムに組み込まれたパネル[7]が張られているため、ベッド側から見ると別世界が挿入されているようにも見える。アバンギャルドという言葉はパリにこそ相応しいイメージがあるが、このWホテルは個々のパーツが徹底したアバンギャルドなアートになっており、それらが絶妙なバランスをつくっている。もはや何か一つでも欠けたら成立しない完成されたアートな客室である。

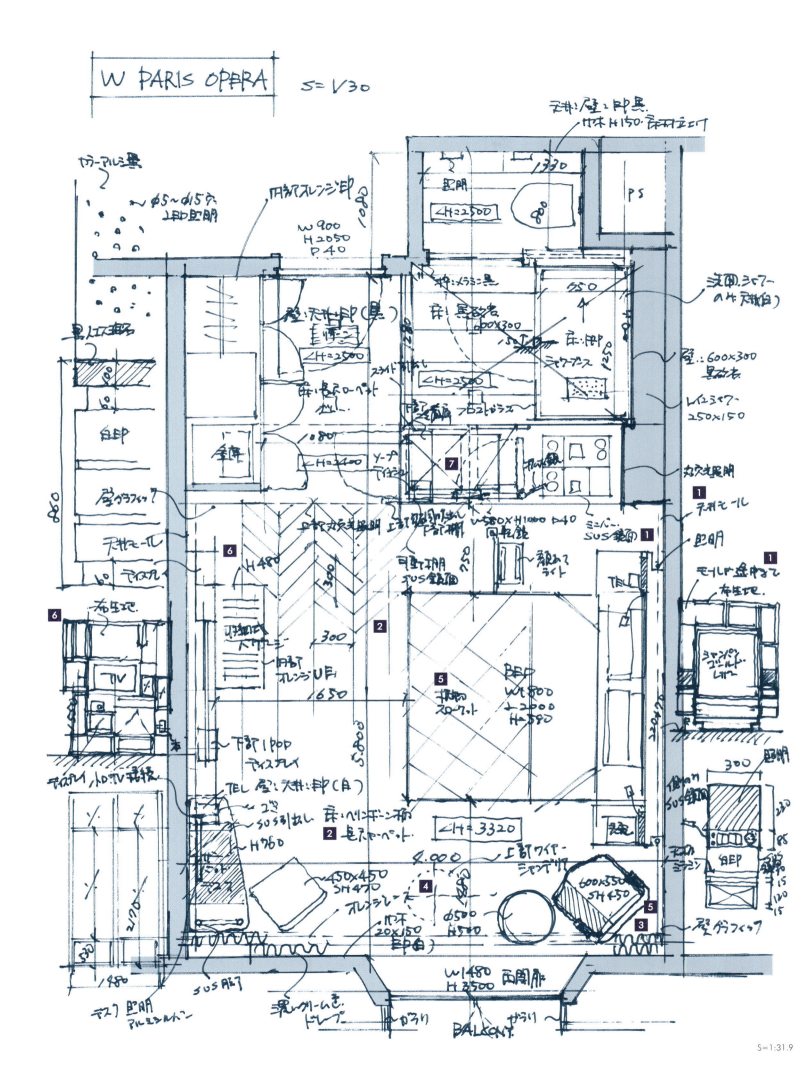

# 39

## C.O.Q. Hôtel Paris

フランス・パリ

最近パリのホテルが変わりつつある。クラシックスタイルももちろん残っているが、新しい潮流も出はじめている。このC.O.Q.もその一つだ。フランスの伝統と歴史を残しながら、世界的なデザインの流行もしっかり取り入れ、フランス流の新しいデザインを試みている。部屋は20㎡弱で決して大きくはなくベッドルームインのプランだが、ベッドルームを中心に両サイドに洗面・シャワーとトイレを分けた類を見ないレイアウトで、無駄なく効率的にプランニングされている。特筆すべきは、ウォークスルーシャワーブース。ヘッドボードの背面にシャワーブースがあるのだが、ベッドの両サイドから回り込んで、どちらからでもシャワーにアクセスできる[1]し、通り抜けもできる。しかもシャワールームが850×1700mmと通常よりも長い。2人が同時に両サイドからアクセスしてシャワーを使える、というコンセプト。回遊性も生まれるので小さい部屋を広く感じさせる有効な方法でもある。水まわりの壁は75×150mmの白い磁器質タイルがヘリンボーン貼りされていて[2]、床は1辺が15mmの白いヘキサゴン型のモザイクタイル。ダークブルーの壁で構成されているベッドルーム空間から、この白い水まわり空間への切り替えはフランスデザインらしい大胆さを感じる。シャワーブースの両サイドは、片方は洗面空間[3]でもう片方はタオルウォーマーが設置されている[4]。強化ガラスの枠なし扉がそれらの空間をシームレスに繋げているので、トータルで850×3950mmの細長い水まわり空間をつくっている。この横長空間が数字以上に広い。洗面には細長八角形の黒いスチール部材でつくられたダブルミラー[5]があり、大きなメイン鏡とその衛星軌道上を回るようにデザインされた小さい拡大鏡だ。ベッドルームは水まわりの斬新なデザインとは対照的に伝統的なクラシックなデザインで、70mm幅の古材フローリングにダークブルーの壁、天井は化粧モールの白い天井である。ベッドの両サイドに670×1700mmのカラフルなラグが敷かれている[6]のを見て、ここはミレニアル世代のアパルトマンをイメージしたのか、と気づかされた。

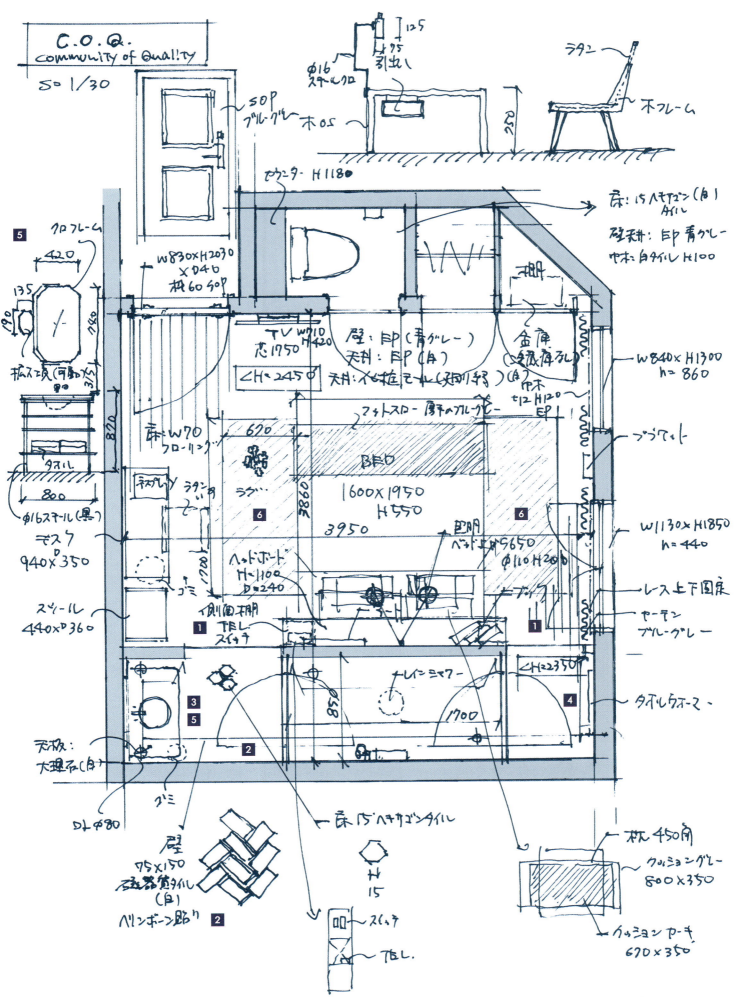

# 40 OFF Paris Seine

フランス・パリ

　世界には奇想天外な発想のホテルがあるもので、発想と行政の認可が噛み合わないとこんなホテルはつくれない。セーヌ川に浮かぶ驚きのフローティングホテル[1]である。岸からブリッジを渡り、中に入っていく。川に浮かぶホテルといえばよいのか船内といえばよいのか、2隻のフローティングバージがジョイントされてできているこのホテルはその構造を活かしたトップライトのある明るい片廊下形式[2]で構成されている。客室、あるいはキャビンと呼べば良いのか、部屋は15㎡でミニマムサイズ。日本のビジネスホテルのようにベッドが片側に寄せられていない配置で、かつベッド幅が1600mmのクイーンサイズで高さ720mmもある[3]。船のような外観デザインだからといって豪華客船のようにもっと広い客室を想像していると拍子抜けする。ただ、コンパクトなミニマムスタイルのデザインは機能が壁にほとんど集約されていて、少し慣れてくると部屋全体は不思議と住宅の寝室のようなフィット感が出てくる。テレビや寒さ対策用のデュベは長押から合皮のベルトで吊るされたフレームに掛けられており[4]、壁の大半はほぼそれで埋め尽くされている。デスクはないが、小さいソファとテーブルの代わりにステンレスの鏡面トレイがシャワーのガラス壁に取り付けられている。ナイトテーブルも宙に浮いているデザイン[5]で高さは600mm。小さいキャリーバックをその下に収納できる機能的な考え方だ。この大きさの客室でトイレがセパレートになっているのは日本でもなかなかお目にかかれない。その代償はシャワーと洗面にしわ寄せがくるのだが、やはり壁を上手に使った棚やタオル掛けなどのアイデア[6]と究極の単位寸法で、機能障害はギリギリ起こらないところを攻めている。ベッドに横になってみて、やけに部屋が広く感じることに気づいたが、客室扉が大きな姿見[7]になっていることによる鏡効果だった。また、演出としてカラーチャートで照明の色温度を自分好みに変えることができるシステムも入っていた。とはいってもここは川の上、朝までゆらゆらと部屋が揺れていたが、ほかにはないセーヌ川で寝る体験、それが良いのだ。

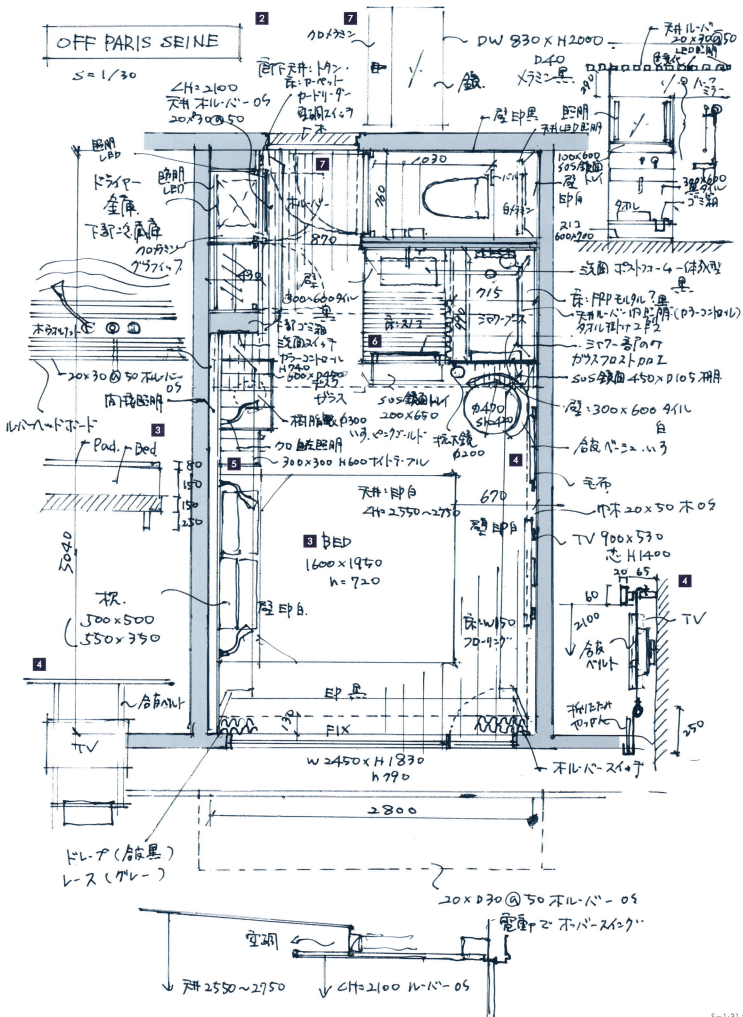

# 41

## Mama Shelter Lyon

フランス・リヨン

---

　フィリップ・スタルク氏がデザインするホテルは、どこか笑ってしまうような遊び心がいつも満載。ここママシェルターもその一つで、エントランスやレストランから独特なスタルクワールドが始まっており、客室に入るまでにその世界観に圧倒されて、常識からの頭の切り替えを求められる。客室のカーペット床はインクジェットのグリッド柄[1]で、落書きのようなデザインに音符やメモ書き、メッセージのようなものまで書かれている。グレー基調の床に合わせて、壁や天井はコンクリート打放し[2]。ミニバーやクロークの彫り込まれている部分はパステルオレンジとパステルグリーン[3]で塗られており、照明をつけると鮮やかに色が浮かびあがってきて、グレートーンの冷たい空間が一気に彩られる。いつも思うが、スタルクデザインの部屋はベッドルームと水まわりのギャップが大きい。水まわりはベッドルームほどの遊びはなく、常にシンプルで画一化された白のタイルで統一[4]されていて、カウンターやデスクなどの素材もシンプルで、人工大理石の白を好んで使っている[5]。デスクは必要最小限の機能しかないが、椅子の背面には目元に黒帯のモザイクが入った鶏のグラフィック[6]、照明器具にはルーニー・テューンズのトゥイーティーをかたどったお面[7]など、ユーモアのセンスは忘れていない。ゴミ箱なんてバケツが置いてあるだけである。ヘッドボードはアクリルでつくられており、ヘッドボード全体が光るようになっている[8]。ベッドの横にある900×1760mmの大きな鏡は、四方に間接照明があることによって鏡というよりもオブジェと演出照明になっている。シンプルな構成なのに、物足りなさを一切感じないのは、一つひとつのデザインに＋1の遊び心を加えているからなのだろう。それが色なのか、グラフィックなのか、素材なのか、場所やモノによっても異なるが、当たり前のものを当たり前のように見せないからこそ、そこに驚きと発見と感動が生まれてくる。それはホテル客室であっても同じこと。それがスタルク流のゲストに対するもてなしの流儀なのだろう。

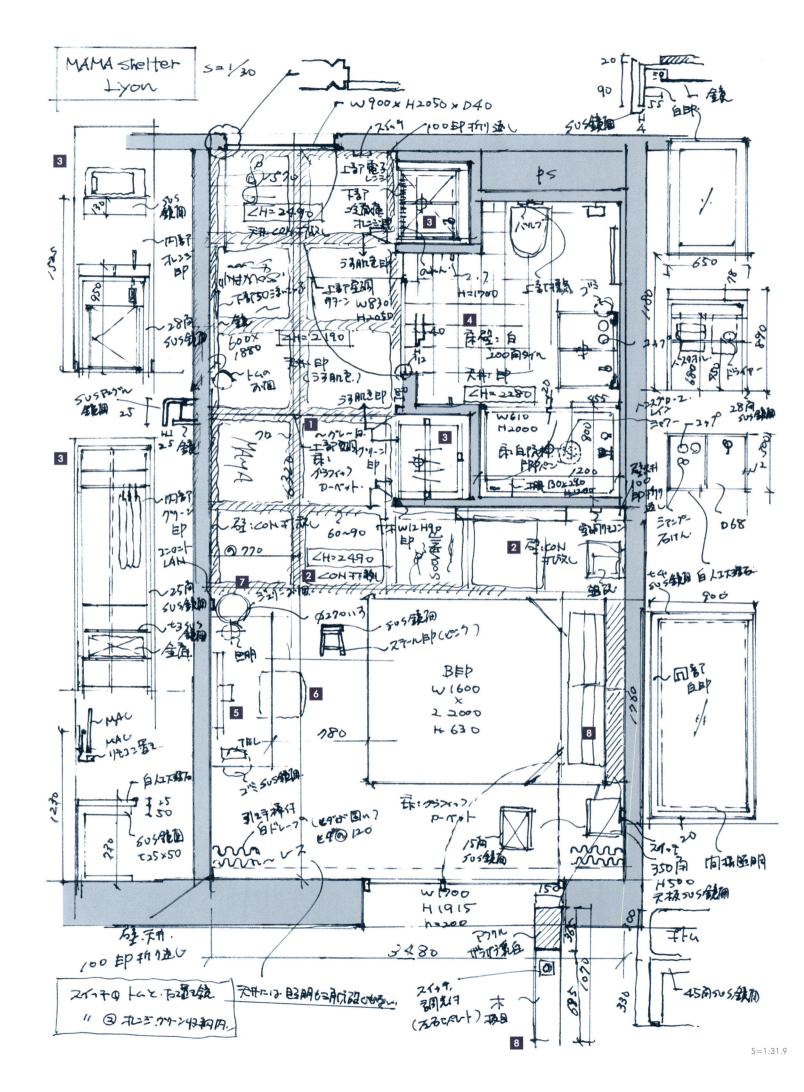

# 日本のデザインホテルを進化させるために

　海外に行くとよく「日本人は細かすぎる」と言われることが多々ある。ホテルに限らずだが、日本人の顧客満足度を高めるためには、並大抵の努力では達成できない。世界で信頼されている日本製品の品質とサービスの高さを生んだのは、その細かい日本人カスタマーたちがいてくれたからにほかならない。ホテルも同じである。一番手強いのは日本人ゲストだし、気づかせてくれるのも日本人ゲストなのだ。

　例えばホテルで見たことのないデザインがあって、多少使いづらかったとしよう。おかしなことに海外で遭遇したら許せても、日本で遭遇したら急に許せなくなるのだ。今はネットでいろいろ書き込みができて、それを世界中の人が見てつながる時代なので、厳しいコメントを悠長に「日本人って難しいよね」と言っているだけでは済まされないのである。日本は機能国であり、おもてなし国であるといってもおかしくはない。工業製品には使いこなせないくらい機能が盛りだくさんだし、その説明が丁寧すぎる。そんな民族はほかにいないだろうが、それが世界に誇れる日本のDNAなのだと思う。

　であるならば、厳しい日本人に叩かれて育ったデザインホテルは世界でも必ず通用する、いや、もっと世界のデザインホテルの品質さえも日本から上げていけるはずだ、と真剣に思うのは馬鹿げているかもしれないが、それをやりきってみたい。そう考えると機能とデザインのバランスを取るのではなく、機能を洗練しながら新しいデザインを考え、どちらもアップデートしていかなければならない。残念ながらデザインホテルというカテゴリーは、客としてもデザイナーとしても、日本人にとってはまだまだ未知の世界なのである。

　世界のデザインホテルはどうしてもデザインに目が行きがちで、雑誌やネット情報などを見てもやはりデザインの魅力がクローズアップされる。実際に行ってみると、高いレベルで機能性とデザインが融合しているホテルは実はまだまだ少ないことに気づく。もちろん日本人的にそこまで細かく深く考えることよりも、もっと官能的なことを重要視しているお国柄もあるだろうから一概には言えないが、でもデザインが良くてさらに機能性が高くて、それで文句を言う人は世界共通でいるわけがない。

　デザインの前にまず日本のホテルと海外のホテルで根本的に違うのは環境設計だ。つまり、音。周辺環境の騒音、上下左右の隣室からの滞在音、そして水まわりの排水音、空調設備の騒音である。正直海外のデザインホテルの建築性能レベルは日本ほど意識的に取り組めていないものが多い。特に欧米のデザインホテルは古い建物を保存しながらリノベーションやコンバージョンで新しいホテルをつくっているケースが多く、対応するにしても物理的に限界がある。逆に日本はスクラップアンドビルドという日本独特の環境と日本人の機能向上DNAが、環境改善の方法を生んできたのだろう。しかし逆をいえば、その環境設計に縛られすぎるところがあり、それがデザインに対して過度に制約を与えている部分は多々ある。

　だから建築を考える際に、インテリアデザインの自由度をどうつくっていけるか、それを考えているホテルと考えていないホテルでは、できあがりは大きく異なる。そしてインテリアデザインは建築の枠内で考えるのではなく、インテリアから建築を動かしていくくらいの度胸と大胆さを持ちたい。例えばホテルは人の滞在や動きに合わせたインテリアデザインが主だと考えるとしよう。ここに寝転がって窓からの一番良く見える景色を見せたいのであれば、そう見えるような窓をつくるように建築を動かせばいい。水まわりとベッドの位置をデザインの考え方によって動かしたいのであれば、最初から建築に申し入れればいいのである。つまり計画の最初から「建築とインテリアの協同作業」があって然るべきということだ。

　また建築やインテリア設計をしていく中で、ホテルオペレーターとの調整も必要になる。海外のデザインホテルのサービスは意外と簡素なものが多く、この先もっと人不足に悩まされる日本でもホテルは全てフルサービスというわけにもいかない。そこでインテリアによる客室デザインは新しい発想とともに、「サービスレベルの整合性」を考えなければならない。サービス力が高いのにデザインが追いついていない場合はホテルサービスに支障をきたし、サービス力が低いのにデザインが先行している場合はデザイン過剰となり、これは何のためにあるのか？ということになる。どちらも不協和音は拭えない。だからこそオペレーターとホテルサービスの方法を入念に打合せしてサービスレベルをよく確認し、そのレベルに応じた客室機能とデザインを新しくつくることが実は最も重要であり、そこが上手く噛み合えば、日本独特の機能的で心地良いおもてなしのある客室が実現できると思う。

　パブリック空間の開放も重要だ。ホテルの顔ともいえるパブリックゾーンは、そこでホテルがゲストに提供する世界観の大半がわかる。海外のデザインホテルのパブリック空間は、ホテルエントランスとレストラン・バーが一体になっているソーシャライズされた空間がほとんどである。よってホテルのラウンジにはホテル滞在しない外来のゲストも大勢いる。日本よりもノマドワーカーが圧倒的に多い欧米では、このデザインホテルのラウンジで仕事をしている風景も日常である。このスタイルが日本のホテルラウンジに当てはまるかどうかは未知数だが、この方法を取り入れるのも一つ。もう一つは立地から考えたそこに必要な新しい機能と行為をホテルラウンジに挿入し、ホテルとは全く異なる意外な組み合わせを展開して新しい提案型のホテルラウンジをつくることだ。いずれも大事なことは日本のホテルをもっと社会に対して開くことであり、ホテルのパブリック空間を日本人にとってコミュニティーのあるサードプレイスに発展させることである。良いものをどんどん取り込んで独自の技術と知恵で進化させることに長けている日本人だからこそ、その能力を活かした日本独自のデザインホテル進化版をつくって、世界中のゲストをもっともっと驚かせていきたい。

# おわりに

　日本にも最近面白いホテルが徐々に増えてきている。今までは有名チェーンホテルも含めて、以前からホテル運営を継続してきたところが圧倒的に多かったが、最近の傾向は新規参入のオペレーターが増えていることだ。ターゲットは国内の若いツーリストとインバウンド。新規参入ホテルは既存ホテルチェーンとの差別化を図ることに注力し、海外デザインホテルをしっかり勉強してそこにオリジナルなアイデアを加え、チェーンホテルにはないデザインやホスピタリティーを体感できる日本版デザインホテルをリーズナブルな価格で展開してきている。

　ここで興味深いのは、今までデザインホテルに興味を示しながらも、自分たちが築き上げてきた老舗ブランドの殻からなかなか抜け出せずにいた既存チェーンホテルの動きである。新規参入ホテルのデザインとそこに市場があることに目を向けたチェーンホテルは、将来のホテル競争に勝てるロードマッピングを念頭に、既存ホテルブランドを残しながらデザインホテルカテゴリーの新ブランドを立ち上げて、全国で横展開を始めている。チェーンのデザインホテルによる新ブランドが狙っているのは、国内ツーリストとインバウンドのアッパーミドル層である。デザインホテルがこれだけ増えていることに比例して、使う側の見る目も肥えてきているので、新規参入ホテルのリーズナブルな価格帯のデザインとホスピタリティーでは、アッパーミドル層が満足できないからだ。そこにチェーンホテルの既存ブランドで築いてきたノウハウと心地良いホスピタリティーは、アッパーミドル層が求めるデザインホテルに活きてくるということなのだろう。

　一方で近年"ライフスタイルホテル"という言葉も登場した。デザインホテルから派生しており、宿泊だけではない個性的な共用部を持ち、ユニークなサービスと体験を提供しているホテルという位置づけだ。英語で "Life Style Hotel" を Google 検索しても、海外の有名なデザインホテルはほとんどヒットしない。「衣・食・住」の充実した生活スタイルをトータルに提案している「ライフスタイルショップ」という言葉が日本人に定着したように、「ライフスタイルホテル」という言葉も日本人の耳に心地よく響く。日本ではデザインホテルの前にデザイナーズホテル（建築家やデザイナーが入ってコンセプトからデザインしたホテル）という言い方が世に広まっていたため、デザイナーズホテルとデザインホテルの違いが明確でなかった。これに対してライフスタイルホテルは定義が明快で、テーマ性のあるデザインと宿泊以外の充実した付加価値が滞在自体を楽しませてくれるホテル、ということなのである。そこを建築家やデザイナーがデザインしているのはすでに当たり前であり、「ホテルはどこでも良い」から「ここに泊まりたい！」と思わせる"ディスティネーションホテル"（滞在そのものが旅の目的になるホテル）に変わりつつあるのだ。

　また、そこには今までのラグジュアリーホテルとかビジネス・バジェットホテルのカテゴリーは存在していないのが特徴である。どんなに小さいホテルでも共用部が充実していて、ホテルラウンジはデザインホテルのようにダイニングやバーを併設し、そこでしか飲むことができないクラフトビールなどのお酒やホテルテーマに合わせた定期的なイベントを仕掛けたり、あるいはルーフトップバーを設けて夜景を堪能できるイベントを開催したりするなど、ソフトサービスを提供するための器がしっかりできている。一方で客室もゲストの滞在をワクワクさせるような新しいデザインと新しい発見が散りばめられ、ゆったり２人で過ごす客室から大人数で泊まれる２段ベッドを備えた客室まで、幅広いバリエーションを持って様々なゲストのニーズに対応できるようにしている。

　あるフランス人の経営者が「日本はいろんなものを組み合わせ、それを独自に進化させて新しいものをつくりだす力がある。その能力は世界でも日本が一番長けている」と言っていたのがずっと頭の片隅に残っている。ライフスタイルホテルが今後日本で定着するかどうかは未知数だが、こういう面白いホテルが日本で増え続け、私が海外のデザインホテルで感動したように、日本発のデザインホテル・ライフスタイルホテルで国内外のホテルゲストの日常がもっとエキサイティングになると信じたい。だから時代をタイムリーに捉えるためにも、今後も面白いホテルが完成したらすぐに泊まりに行き、ライフワークとしてホテルスケッチを描き続けるだろう。今後は日本のデザインホテル・ライフスタイルホテルでのスケッチも徐々に増えていくことを自ら期待したい。そのためにも、ホテルづくりに携わっている人たちと協力しながら、総力を挙げて日本のホテルをもっと独自に進化させていきたい。

2019 年 7 月

寳田　陵

## 著者紹介

### 寶田　陵（たからだ　りょう）

the range design INC. 代表取締役

ホテル、旅館、共同住宅、商業施設、オフィス等、幅広い分野で建築設計及びインテリアデザインを手掛ける。近年ではプロジェクトにおける企画プロデュースやデザインディレクション、家具や照明器具などのプロダクトデザインにも活動の幅を広げ、新しいライフスタイルを生み出す建築・空間づくりにチャレンジしている。

1971年東京都墨田区生まれ。1993年日本大学理工学部海洋建築工学科卒業、㈱フジタに入社し、その後設計事務所や大手ゼネコンを経て、2016年 the range design INC. 設立。

### 扉写真クレジット

アメリカ圏（NoMad New York）／撮影：Benoit Linero
アジア圏（Mira Moon Hotel）／撮影：寶田陵
ヨーロッパ圏（Room Mate Giulia）／提供：Room Mate Giulia

---

## 実測　世界のデザインホテル

2019年　8月10日　第1版第1刷発行
2023年　9月10日　第1版第3刷発行

著　　者……寶田　陵
発　行　者……井口夏実
発　行　所……株式会社 学芸出版社
　　　　　　〒600-8216
　　　　　　京都市下京区木津屋橋通西洞院東入
　　　　　　電話 075-343-0811
　　　　　　http://www.gakugei-pub.jp/
　　　　　　E-mail info@gakugei-pub.jp
編集担当……井口夏実・松本優真

装　　丁……赤井佑輔（paragram）
印刷・製本……シナノパブリッシングプレス

© Ryo Takarada 2019　　　　　　　　Printed in Japan
ISBN 978-4-7615-3247-5

JCOPY〈㈳出版者著作権管理機構委託出版物〉
本書の無断複写（電子化を含む）は著作権法上での例外を除き禁じられています。複写される場合は、そのつど事前に、㈳出版者著作権管理機構（電話 03-5244-5088, FAX 03-5244-5089, e-mail: info@jcopy.or.jp）の許諾を得てください。
また本書を代行業者等の第三者に依頼してスキャンやデジタル化することは、たとえ個人や家庭内での利用でも著作権法違反です。

## 好評既刊

### シェア空間の設計手法
猪熊純・成瀬友梨 責任編集
A4判・128頁・本体3200円＋税

「シェア空間」を持つ49作品の図面集。住居やオフィス、公共建築等、全国の事例を立地別に分類、地域毎に異なるシェアの場の個性や公共性を見出すことを試みた。単一用途より複合用途、ゾーニングより混在と可変、部屋と廊下で区切らない居場所の連続による場の設計。人の多様な在り方とつながりを可能にする計画手法の提案。

### 保育園・幼稚園・こども園の設計手法
仲綾子・藤田大輔 編著
A4変判・144頁・本体3800円＋税

現代の保育施設の設計に必要な基礎知識を厳選事例とともに学ぶ最新の手引書。(1) 近年の社会背景・制度 (2) 補助金申請を含む設計業務の流れを押さえ、(3) 配置＆各室計画・園庭・温熱・照明・家具・各種寸法など各論を解説。郊外／都心部の立地別、新築／改修／増改築等、異なる条件に応えた12事例から多様な設計プロセスを学べる。

### 堀部安嗣　小さな五角形の家　全図面と設計の現場
堀部安嗣 著、柳沢究 構成
A4変判・144頁・本体3800円＋税

的確な寸法とプロポーションから導かれるプランニングの完成度。大らかな屋根の過不足ない構造美。空間に調和する細部のデザイン。建築家が"30坪の住宅"に込める設計思想の全貌を、きっかけとなった建主の一言、エスキス、実施図、施工図、構造家・造園家との協働、設備計画、施工現場と多様なプロセスから紐解く。

### サイト　建築の配置図集　SITES Architectural Workbook of Disposition
松岡聡・田村裕希 著
B5変判・256頁・本体3600円＋税

80余りの名作建築を広大な敷地周辺と共に、木の葉や屋根の表情まで微細に再現した図集。敷地周辺図に占める建物図の割合を0.1％から50％へ徐々にズームアップし、地形図から詳細な間取りへと見せ所を変えながら、建物と敷地の関係を多様な広がりで捉え直した。見方のヒントとなる課題を解きながら新たな発想を得るワークブック。

### 窓がわかる本　設計のアイデア32
中山繁信・長沖充・杉本龍彦・片岡菜苗子 著
A5判・160頁・本体2200円＋税

苦手とする設計者が多い開口部のデザイン。様々な条件を満たしつつデザイン性と機能性を両立させることは難しい。本書は、その手ごわい窓の役割を見直し、空間を豊かにするための工夫をイラストで図解。ハイサイドライトやトップライト、半屋外空間、間仕切りの活用、景色の取り込み方など、設計に活かせるアイデアが満載。

### 設計者とインテリアコーディネーターが知っておきたい
### デザインキッチンの新しい選び方
本間美紀 著
A5判・160頁・本体2400円＋税

脱システムキッチンの時代が来た。今、キッチンは驚くほど楽しく新しくなり、インテリアからキッチンを考えるユーザーが増えている。300件のキッチンを取材した著者が、新しい時代のニーズにワンランク上の提案ができるデザインキッチンの考え方を解説。70人の現場のプロへのヒアリング、全国のメーカー＆ショップリスト付。

### 不動産リノベーションの企画術
中谷ノボル・アートアンドクラフト 著
A5判・232頁・本体2600円＋税

建物の価値を高める企画・設計・販売のツボを開拓者である著者が伝授する。今や都市のアツいスポットはリノベーション物件でできている。時間に培われた土地・建物の魅力は、物件の差別化に欠かせない個性そのものだ。新築では簡単に創り出せない。物件の個性を見極め、勘の良い入居者を惹きつけ、場の価値を高めるノウハウ。

### 事例と図でわかる　建物改修・活用のための建築法規
適法化・用途変更・リノベーションの手引き
佐久間悠 著
A5判・220頁・本体2500円＋税

中古物件を活用してシェアハウスや福祉施設、ホテル等の事業を始めたい！ところが「建物の法律」を知らなければ無駄なコストがかかったり、違法建築になってしまう場合も。「建物の法律家」である著者が相談を受けた実例をもとに、建物のリノベーションや活用でポイントになる建築関連法規を事業者向けにわかりやすく解説。

## 北欧の照明　デザイン＆ライトスケープ
小泉隆 著
A5判・240頁・本体3300円＋税

暗くて長い冬の間、室内で暮らす時間を楽しむため、北欧では優れた照明器具が多数生みだされ、建築や都市空間を彩る照明手法が発達した。本書は、ポール・ヘニングセンやアルヴァ・アアルトら、北欧のデザイナーや建築家11人が手がけた100の名作について、デザインと機能、空間の照明手法を500点に及ぶ写真と図面で紹介。

## アルヴァ・アールトの建築　エレメント＆ディテール
小泉隆 著
A5判・240頁・本体3200円＋税

北欧を代表する建築家アルヴァ・アールトが追求した美しく機能的なディテールを集めた作品集。住宅や公共建築、商業施設、家具や照明器具にいたるまで、構造や技術を反映した合理的なデザイン、素材や形へのこだわり、使いやすさが発揮された170のディテールを多数のカラー写真と図面で紹介。所在地リスト、書籍案内も充実。

## 北欧の建築　エレメント＆ディテール
小泉隆 著
A5判・240頁・本体3200円＋税

北欧を代表する建築家の作品から、日本では知られていない建築家の名作、話題の現代建築まで、多数のカラー写真と図面で巡るシンプルで美しく機能的なディテール。光、色、構造、素材、窓、階段などのデザイン・エレメントを切り口に、A・アールト、E・G・アスプルンド、A・ヤコブセンなど建築家50人の77作品を紹介。

## 団地図解　地形・造成・ランドスケープ・住棟・間取りから読み解く設計思考
篠沢健太・吉永健一 著
B5変判・140頁・本体3600円＋税

団地はどれも同じ…だなんて大間違い。地形を生かしたランドスケープ、コミュニティに配慮しつつ変化に富む住棟配置、快適さを求め考案された間取りの数々。目を凝らせば、造成から植木一本まで連続した設計思考が行き届き、長い年月をかけ育まれた豊かな住空間に気づくはず。あなたも知らない団地の読み解き方、教えます。

## 図解住まいの寸法　暮らしから考える設計のポイント
堀野和人・黒田吏香 著、日本建築協会 企画
A5判・200頁・本体2600円＋税

住宅の設計には、そこに住む人の暮らしをふまえた寸法への理解が欠かせない。本書では、玄関、階段、トイレ、洗面室など、住まいの13の空間の持つ機能と要素を整理し、そこで行われる生活行為に支障のない、理に適った寸法をわかりやすい2色刷イラストで紹介。寸法という数字の持つ意味を知ることで設計実務に活かせる一冊。

## 図解　間取りの処方箋　暮らしから考える住宅設計・改修のポイント
堀野和人・小山幸子 著、日本建築協会 企画
A5判・184頁・本体2600円＋税

玄関・トイレ・LDK・寝室・納戸など、住まいの8つの空間について、実際に人が暮らしていく上で不都合が生じる「お困り間取り」とその改善ポイントを、ユーザーの会話＋「設計課長の診察室」という構成で、2色刷イラストを用いて丁寧に解説。各章末には巷に溢れる「チラシの間取り10ポイントチェック」も掲載。

---

**学芸出版社** | Gakugei Shuppansha

- 図書目録
- セミナー情報
- 電子書籍
- おすすめの1冊
- メルマガ申込
  （新刊＆イベント案内）
- Twitter
- Facebook

建築・まちづくり・
コミュニティデザインの
ポータルサイト

✎WEB GAKUGEI
www.gakugei-pub.jp/